JN307737

知っておきたい「食」の世界史

宮崎正勝

角川文庫
14451

知っておきたい「食」の世界史

目次

はじめに

食卓は小さな大劇場

食卓の上を世界史が通り過ぎていくというと、大袈裟《おおげさ》に聞こえるだろうか。料理には家庭の味、地方の味があるから、はたして「世界」などという大きな枠組みでくれるものだろうかという疑問が出てくるのも当然である。しかし、人類史の五〇〇万年におよぶ気が遠くなるような時間の積み重ねのなかで、食の交流、味の発見が絶えず繰り返され、現在の「食の世界」が成立しているのも事実である。

とくに現在は、世界各地の食文化の交流が急速に進み、テーブルの上で混じり合う時代である。地表に張りめぐらされたコールドチェーン（低温流通機構）という幹線ルートを通り、家庭の冷蔵庫に世界の食材が流れ込んでくる。冷凍・冷蔵庫が「ドラえもんのポケット」であり、食卓は世界各地の食材が活躍する大劇場に姿を変えているのである。

人が一生の間に食べる食糧は約五〇トンといわれ、種類もきわめて多い。スーパーやデパ地下の食品売り場をのぞいてみると一目瞭然《りょうぜん》だが、世界各地からの食材が正札をつけて整然と並べられている。たとえば野菜のルーツを調べてみてもじつに多彩で、ニンジンは中央アジア、ホウレンソウはイラン、ソラマメ、レタスは地中海沿岸、トマト、ピーマンは南アメリカという具合である。テーブルの上では、連日食材・料理を役者・俳優として世界史が再演されているのである。

広がり続ける食

「料理」という語を『広辞苑』で引いてみると、「はかりおさめること」とある。多くの食材、調味料などの、経験、知恵に基づく最適の組み合わせ方を「はかり」、望ましいバランスをつくり出す「技」ということになる。それが転じて、「食物をこしらえる」という意味になったのである。食材が豊富になれば、当然のことながら料理の可能性もひろがっていく。

食材、調味料・香辛料を組み合わせ、「焼く」「煮る」「蒸す」「炒める」「発酵させる」などの調理法で処理すると、誰でもが「うまい」か「まずい」かは別にして理論上何十万種類もの料理をつくり出すことが可能だという。料理は模倣と創造の営みであり、一九世紀のフランスの美食家ブリヤ＝サヴァラン（一七五五―一八二六）が、「動物は餌を食う。人間は食べる。知性のある者だけが、食べ方を知っている」と述べているように料理は文化的行為であり、美味は微妙なバランスのなかにある。

歴史をひもといてみると、美味を求める人間の貪欲《どんよく》さには驚くばかりであるが、貪欲さは今も増す一方である。古代エジプトでは水鳥の口に強制的に餌を注ぎこんでフォアグラがつくられており、バビロニアの富裕な人々はメス豚を使ってオス豚のフェロモンと同じ成分をもつトリュフを掘り出させ、古代ローマでは、カワカマスの肝、クジャクの脳、フラミンゴの舌などが珍味として食べられていた。貪欲さこそが味の創造の原点であり、食の世界を拡大する原動力だったといえる。考えてみれば、食材の組み合わせで想像することもできなかった味が生み出されるのは神秘的ですらある。

食の世界史の四幕

テーブルの劇場に食材を登場させてきたのは、いうまでもなく人間である。五〇〇万年におよぶ歴史のなかで時に社会は大きく姿を変え、変化の度に新しい食材のグループが出現した。それぞれの食材が、いつごろ、どのようにして姿を現したのかを知れば、食卓という場を通じて歴史の理解が深まっていく。レシピは食卓で演じられる料理という劇の台本だが、人類はじつに膨大な量のレシピを蓄積してきた。テーブルの劇場の日々の演目の決定権は、オーナーであるわたしたちにある。古典劇にせよ創作劇にせよレシピは充分にそろっているのである。

テーブル上の食の劇場では、食材と料理法の組み合わせがポイントになる。五〇〇万年におよぶ人類の歴史を「食」との関わりで考えてみると、四つの社会変化が画期となっており、それぞれの変化が新しい食材・料理群を生み出してきた。そうした画期とは、

(一) 約一万年前の農業革命
(二) 一五―一六世紀の大航海時代
(三) 一八世紀後半以降の産業革命
(四) 二〇世紀後半以降のハイテク革命

である。

第一幕―穀物とポットの出現

人類は、約五〇〇万年前に東アフリカの大地溝帯に姿を現し、長い歳月をかけて地球上にひろがっていった。人類史の九九・九パーセント以上を占める狩猟・採集時代には、循環する自然そのものが人類の食糧庫であった。風土に全面的に依存していたこの時期の食生活は、地域ごとにバラバラだった。どこに住むかで、すべてが決まったのである。

ところが約一万年前に農耕・牧畜が出現すると、人類は、特定の穀物、獣肉、乳製品などを中心的に摂取することになり、食の画一化と安定化が手を携えて進んだ。固い穀物は、年間を通じての保存が利くことで、食生活の新たな土台になったのである。

しかし固い穀物の種子を食べるには、穀粒を柔らかくする工夫が必要であった。そこで、

穀物の種子を煮るための簡単な道具、土器（ポット）が発明されることになる。土器《ポット》の発明による料理法の変革は、「料理革命」といわれる。料理法には、

一．生《なま》
二．加熱
三．発酵

の三つがあるが、土器の出現により、「二．加熱」の部分が大きくふくらんだのである。土器は、柔らかい食物とスープを生み出し、味覚の洗練化に大きく貢献した。そのように考えると、土器の発明による「料理革命」と「農業革命」は一つに結びつく。「食の第一次革命」とみなされる。

その後、各地域で食材の開発・交流と料理の体系化が進み、二五〇〇年前から二〇〇〇年前にかけて各地に出現する巨大帝国の下で料理圏が形成された。しかし、草原の道、シルクロード、海の道を通じてユーラシア規模の食の交流は続いた。

第二幕─食の回廊、大西洋

つぎの転機が、一五─一六世紀の「大航海時代」である。「新・旧両大陸」の間で食材の交換が行われて地球規模で生態系の変化が進み、人類の食文化が大きく変容した。「新・旧両大陸」の食材の交流と動植物の分布の大変動（「コロンブスの交換」と呼びならわ

される）が「食の第二次革命」である。「旧大陸」でトウモロコシ、ジャガイモ、サツマイモ、トマトなどの栽培がひろがり、「新大陸」がヨーロッパの巨大な食糧庫に姿を変える。

一七世紀、一八世紀にカリブ海の島々でイギリス、フランスが大規模にサトウキビを栽培して砂糖が大衆化すると、中国の紅茶、イスラーム世界のコーヒーと砂糖が結びつき、地球規模の食の結合が姿を現した。砂糖を牽《けん》引車とする「食卓革命」である。過剰に砂糖が使われる食文化は現在にまで引き継がれることになる。砂糖の生産量は穀物並みにズバ抜けて多いのである。

第三幕—腐敗を封じ込む

つぎの画期となったのが、「産業革命」である。イギリスで産業革命（一七六〇年代）が起こると、都市が「生産の場」に変わり、地球規模での都市化が進んだ。自ら食糧を生産できない都市住民に対する安定した食糧の供給が、大問題になったのである。それができなければ、新しい社会システムは維持できない。都市に膨大な量の食材を運ぶための「交通革命」、腐敗防止技術の開発、食品加工の産業化が、並行して進んだ。世界の食材が集中するようになったヨーロッパ諸都市では美食が追求され、レストランも普及した。そうした変化が、「食の第三次革命」である。その結果、世界人口は一七世紀の約六億人が、一八五〇年の約一二億人、一九五〇年の約二四億人へと急激に増加した。

第四幕―冷たい食品が地球を巡る

二〇世紀後半になると、「ハイテク革命」を背景にして経済の世界化（グローバリゼーション）が一挙に進む。食の世界でも、食品の低温処理技術と地球規模のコールドチェーンの形成、自動車の普及、船舶の大型化とコンテナ輸送方式とスーパーマーケットにみられるような大量販売の方法が結びついて「流通革命」が起こる。グローバリゼーションに食卓が組み込まれたのである。それが、「食の第四次革命」になる。その結果、世界人口は激増し、一九五〇年に約二四億人だった人口が、現在は六〇億人を超えるにいたっている。

ファストフード化の波

テーブルの上の世界史も次第に変化のテンポを早めている。一九世紀の食生活の変容を引き継ぎ、二〇世紀後半以降は加速度的にファストフード（fast food）化が進んだ。ファストフードとは、店頭で注文してから短時間で手早く食べられる食事を指すが、食卓を通過する食品も、半完成品を解凍し、加熱するだけというように簡便化の道を歩んでいる。

考えてみればファストフードの歴史は古い。七九年のヴェスヴィオス火山の噴火で火山灰の下に埋まったローマ帝国の都市ポンペイには、すでに軽食や水で割ったワインを出す店があったという。しかし、現在の食卓の大問題は、食文化全般のファストフード化である。便利なことはよいことだが、商品として簡便化された食文化は、「液体のキャンデー」といわれる甘み過剰の清涼飲料水の蔓延、少量でも高カロリーの食材の過剰摂取、栄養バランスのくずれなどによって、肥満の若年化が進む一方、生活習慣病の増加などの新しい社会問題を生み出している。ハンバーガーやポテト・チップ、ドーナツなどは、単に満腹感を目的とする食に過ぎないとして「ジャンク（「がらくた」の意味）・フード　junk food」と呼ばれることがあり、清涼飲料水とともにその過剰摂取に警鐘が鳴らされている。

スロー・イズ・ビューティフル

そうしたなかで、一九八六年にイタリアのピエモンテ州のブラという村から始まったスローフード運動が、短期間で世界にひろがった。「スピード（早く）」、「ファスト（便利に）」をスローガンに進行する食の画一化に対する警鐘がひろく受け入れられたのである。スローフード運動は、家庭の味、地域ごとの伝統的な食材と味、洗練された味覚、伝統的食材の生産などを守り、人類の歴史が育ててきた食文化を守る必要性を主張する。

食卓を通過していく日々の料理と食材は、人類の歴史の再演といえる。たとえば、カキのオードブルを食べながら、紀元前一世紀のローマで行われた温水池でのカキの養殖を想像し、カキ料理用のオイスターフォークがつくられるようになった経緯を考え、カキにつけるケチャップからトマトと東南アジア起源のケチャップが結びつく過程を思い、インド北東部に起源をもつレモンがヨーロッパに伝えられた道筋を考えることができる。食卓上で再演される食の歩みを楽しむことは、スローフードにつながり、食の文化を取り戻すことにつながるのである。

第一章

人類を生みだした自然の大食糧庫

I　腐っていく食材との闘い

腐敗は料理の母？

狩猟・採集時代には、循環を繰り返す自然がもたらす食材こそが食文化そのものだった。自然の恩恵を体験的に理解していた人々は、自然界との互酬（ギブ・アンド・テーク）を行動原理とし、自然を敬う気持ちを生活の土台に据えていた。アイヌがカムイ（神）が動物の皮を被《かぶ》って人間に肉を運んでくれると説明するのは、非常に分かりやすい。彼らは、狩猟の名手は腕がよいのではなく、信仰心が厚いのだと説明した。信仰心が厚い狩人《かりゅうど》の矢にカムイが進んで射られるというのである。能力ある人間が食物を獲得するのではなく、自然が人間に食物を与えてくれるという発想である。

人間がセンス・オブ・ワンダー（自然の素晴らしさに感動できる心）を衰弱させ、自然を「開発」（破壊）の対象と見なすようになったのは、科学万能の一九世紀以後のことである。考えてみれば熱にうかされたようにこの一〇〇年間、食糧の「生産」と「分配」のみが追い求められてきたが、現在では循環型経済、リサイクルの意味が再認識され、食糧の消費の様式（料理）、排泄《はいせつ》の様式（廃棄物処理）が再度視野に入りつつある。「料理」とは食糧の「消費」の様式であり、文化の土台である。食材の獲得が季節的に限定された狩猟・採集社会では、食材の腐敗を防ぎ、時とともに落ちていく食材の「味を維持する」方法の開発こそが、「消費」の大問題であった。腐食との戦い、劣化する味との勝負が、種々の料理法を生み出したのである。腐敗こそが、料理の母であるという、逆説的な言い方も可能になる。

生食と包丁文化

食文化の基礎は、自然の食糧庫から獲得された「旬《しゅん》」の食材の生食であり、長い間続いた狩猟・採集社会が原型を練りあげた。食卓の上を季節がめぐるのである。日本列島のドングリの灰汁《あく》を抜いて主食とする食文化は長い歳月の間に姿を変えてしまったが、ドングリ餅《もち》のようなかたちで一部の地方で保存されている。食卓の劇場では思いもかけないかたちで古い食文化が保存されている。たとえば、現在高級食材とされるユリネ（「オオウバユリの鱗茎《りんけい》」）は、かつてのアイヌの主食だった。アイヌは秋に沢山採れるサケを細く刻んでカラカラに乾燥させた「トバ」を保存食とし、冬の時期には厳しい寒さを利用し魚などを凍らせて食べる「ルイベ」の技術を開発した。そうした食材、料理法は現在も北海道で生きている。

緑豊かな日本列島は、狩猟・採集時代の食文化を長い間保存している世界でも珍しい地域である。海、川、湖沼、里山などがもたらす「海の幸」・「山の幸」に恵まれた日本人は、季節ごとの「旬」の食材に対する繊細な感覚を持ち続けた。確かに峻険《しゅんけん》な山々が食材の流通を困難にしたが、その分それぞれの地域の季節、季節の食材の新鮮な味わいが楽しまれたのである。ちなみに新鮮な食材というのは青春期の若者のようなもので、肌の衰えを隠す化粧、つまり料理の必要は弱まることになる。日本料理が、加熱を主とする中華料理やフランス料理と違って、生食を中心とするのはそのためである。

日本料理では、「旬」の食材を美しく切り分ける包丁が最も重要な調理道具となった。多様な食材の特色に応じて、いかに美しく切り分けるかが、料理の神髄と見なされたのである。包丁の種類は、切れ味のよい片刃包丁を中心に四〇種類から五〇種類にもおよぶ。日本料理のかたちが整う室町時代には「包丁人」と呼ばれる料理人も現れ、宴席で烏帽子《えぼし》、装束姿でそれぞれの流儀に沿って魚や鳥をさばき、「まな板」上に並べるパフォーマンスを行った。日本の料理文化は、「包丁文化」なのである。

ちなみに、私たちが食べ頃の食材を指すのに使う「旬」という言葉の語源は、古代中国の殷《いん》（前一七世紀前半―前一一世紀）で用いられた一〇日間を表す「旬《じゅん》」である。この言葉は、「上旬」、「下旬」などとして、現在でもひろく用いられている。

殷人は太陽が一〇個あり、日替わりで地下から出て空を照らすと考えていた。それぞれの太陽には甲《きのえ》、乙《きのと》、丙《ひのえ》、丁《ひのと》……癸《みずのと》という名がつけられ、全体で「十干」と呼ばれたのである。殷王は、新しい太陽のローテーションが始まる前に骨を焼いて、新しい「旬」の災いの有無を占った。その結果を骨に刻んだのが、漢字の祖先、甲骨文字である。「旬」は、循環する時間を分節化した「生活の単位」だったのである。

そうした古代中国の儀式が日本に伝えられ、天皇は一日、一一日、二一日および一六日に宮廷の紫宸殿《ししんでん》で酒宴を開き、臣下の意見を聴取するのを習しとした。それは「旬儀《しゅんのぎ》」と呼ばれたが、その時に天皇に献上されていた季節の品々を臣下に分け与えたことから、季節毎の新鮮な食材を「旬《しゅん》」と言い表すようになった。「旬」こそが、日本の食文化の個性を読み解く鍵《かぎ》である。

プラトンが「池の周りに集まったカエル」と喩《たと》えたようにエーゲ海の周辺に多くのポリスを建設したギリシア人も、「旬」には敏感だったようである。グルメだった哲学者アリストテレスは、最高の美味とされるタイの「旬」は春、タコの「旬」は秋から冬と書き残している。

鮨《き》と寿司

狩猟・採集社会における食の最大の問題は、腐敗を抑え、先延ばしすることだった。農業が始まっても副食獲得の方法には変化がなく、塩、酢などを利用する食材の保存法が世界各地で工夫された。農業社会になっても狩猟・採集社会を引き継ぎ、乾燥、発酵などを活用して生の食材の延命が図られたのである。そこで内陸性が強く「生食」から離れていった中国と「生食」を手離さなかった日本を比較することで、食品保存法の移り変わりをたどってみることにする。

古代中国では、「生の魚」や「生の肉」が塩辛のかたちで保存された。魚介類や肉に塩を加えて漬け込み、自然に発酵させたのである。戦国時代から漢代（前五世紀から三世紀）にかけて、「鮨《き》」という魚の塩辛、「醢《かい》」という肉の塩辛が盛んにつくられたとされる。ちなみに「鮨《き》」という漢字は、日本では「寿司《すし》」を表すが、もともとは魚の塩辛の意味なのである。

漢代（前二〇二―後二二〇）に江南《こうなん》の米作地帯の開発が進むと、米の発酵も食品保存に利用されるようになった。肉や魚に塩、米飯を合わせ三カ月から一年間発酵させた「馴《な》れずし」である。「膾《なます》」、「鱠《なます》」は、細く刻んだ生の肉・魚、あるいはそれを酢に浸したものを指している。酢酸菌の発酵によりつくられた「酢《す》」「醋《す》」も、食品保存に利用されるようになったのである。

殺菌力、防腐力が強い塩や酢を食品保存に利用したのは、ヨーロッパも同じであった。塩はいうまでもないが、ワインからつくった酢も用いられた。英語で酢を表すビネガー（vinegar）は、フランス語のワイン（vin、ヴァン）と「酸っぱい」という意味のエグル

(aigre) の合成語である。酢が、酸っぱくなったワインだったことがわかる。

中国料理の研究家、篠田統氏はスシの起源について、「元来は東南アジア山地民の料理法、否、米を利用した川魚や鳥獣肉の貯蔵法」とし、コメとともに「酢漬け」の方法が雲《うん》南《なん》地方から中国・日本に伝播したと推測している。酢漬けによる食品保存の技術は、米とともに古い時代に伝えられたというのである。日本でも、古くは獣の肉や魚を細切りにして生のまま食べることをナマス（奈万須）といった。現在の日本では大根、ニンジンなどを細かく刻んで三杯酢（酢・醬油《しょうゆ》・砂糖を混ぜた調味料）、胡麻《ごま》酢、味噌《みそ》酢であえる料理をナマスと呼ぶ。先程述べたようにナマスは、漢字では「膾」あるいは「鱠」と書く。「膾」の字はニクヅキであることから分かるように元来は肉料理であり、魚料理には「鱠」の字が用いられた。野菜は肉や魚の添え物に過ぎなかったのだが、やがて野菜だけの「膾」もつくられるようになったのである。ちなみに韓国料理のユッケも、漢字で書くと「肉膾」である。

中国には「羹《あつもの》に懲りて膾を吹く」、あるいは「人口に膾炙《かいしゃ》する」という「膾《なます》」を使う熟語がある。「羹」は熱いスープ、「炙《しゃ》」は焼き肉、「膾《かい》」は細く切った肉や魚肉、あるいはその酢漬けである。

古代中国では肉の細切り（膾《なます》）と熱いスープ（羹《あつもの》）を一緒に食べる習慣があり、そこから「羹に懲りて膾を吹く」という言葉が生まれた。「一度の失敗に懲りて、度の過ぎた用心をする」という意味である。生肉の細切りと焼き肉が人々に大変に好まれたことから、「ひろく知れ渡っていること」を「人口に膾炙《かいしゃ》する」という表現法も生まれた。

ところが中国の生食文化は、宋《そう》代から元《げん》代に劇的な変化を遂げる。唐代までは生肉の膾《なます》が好まれていたものが、宋から南宋にかけて魚の鮓《すし》、つまり塩などにつけて発酵させた魚が盛んに食べられるようになる。

唐で皇帝の姓「李《り》」と同音であるとして食べることが禁じられていた川魚の王「鯉《り》」が食材として復活したこと、首都開封が河川交易の要衝で川魚が得やすかったこと、魚を食べる華南の中国化が進んだことが、鮓《すし》が盛んに食べられるようになった理由だった。しかし、モンゴル人が中国を征服し元帝国を立てると、遊牧モンゴル人が魚を食べなかったこともあり鮓は急速に廃れていったのである。

日本にも稲作の伝来とともに「ナレズシ（熟れ鮨）」がもたらされた。西日本では酸っぱいことを「スイ」というので、「スイ」飯《いい》という言葉が「酸飯（スシ）」となり、後に「鮨《き》」という漢字を当て字として使うようになったのではないかと考えられている。伝統的な食品保存の技術であるスシの様式を残しながら、日本独自の「生食」が成長をとげる。

豊富に魚が得られる日本では、室町時代中期になると生の魚を煎酒《いりざけ》（酒に梅干しなどを入れて煮詰めた調味料）につけて食べる「刺し身（膾よりも幅広く切る）」や発酵し酸味を帯びたコメに生に近い魚を加えた「生成《なまなれ》（生《な》ま馴《な》れの意味）」が姿を現す。

醤油が普及した江戸時代には「刺し身」も「スシ」も進化し、現在の刺し身、寿司に近いかたちになった。生魚などの種（ネタ）とすし飯を組み合わせた「握り寿司」は江戸前の海（江戸の近海）でとれた新鮮で安い魚を使ったファストフードで、文政年間（文政は一八一八―一八三〇）に両国《りょうごく》の華屋与兵衛《はなやよへい》（一七九九―一八五八）により始められた。ワサビをきかせた寿司を、醤油につけて食べたのである。このように塩や酢から離れて生食が洗練化され、刺身や寿司が定着していくプロセスは、日本の自然の豊かさと日本料理の特異性を雄弁に物語っている。

2　大地と海に調味料を探す

味覚の触媒、調味料

自然界にある野生の野菜、肉、魚などには、様々な臭い、味、灰汁《あく》があり、味を調和させることが難しかった。なかなか好ましい味が描けなかったのである。そこで食材の持ち味を引き出し、料理の味を調え（「調味」）、保存を助ける調味料が求められることになった。人類の舌は、味を調和させ方向づける特殊な食材を次々に発見することになる。最近多くの視聴者を獲得している韓国の宮廷女官《にょかん》のドラマ「大長今《テジャングム》（「宮廷女官　チャングムの誓い」）」でも、「料理は味を描くこと」でありチャングムにはそれができるとハンサングンが告げる印象深い場面があるが、塩、ショウガなどの調味料がなければよい味はとても描くことはできない。調味料は、食卓の劇場の優れた演出家である。

調味料は味覚の洗練化のプロセスと深くかかわる存在で時代とともに数を増し、現在も増え続けている。確かに味は描くものであり、味の微妙なバランスを演出するのが調味料であるといえる。

味覚は、塩味、酸味、甘み、辛みに分けられるが、なかでも、塩味、甘みが最も基本的とされる。日本料理では、調味料を加える順序を「味のサシスセソ」としており、砂糖（サ）―塩（シ）―酢（ス）―醤油（セ）―味噌（ソ）の順序で調味料を加えるのがよいとされている。味付けのなかでは甘みと塩味が先行するようである。

人類は、くたびれた食材をだましだまし食べることを繰り返すなかで、調味料に関する知恵を蓄積していった。調味料が味を変化させるのに気がついた人々は、味を描くのに役立つ触媒を自然界に探し続けることになる。調味料探しの歴史は長い。

蜂蜜とハネムーン

甘みは人類にとって魅惑的な味覚だったが、自然界にはきわめて少なかった。それ故に、砂糖の普及は食文化に革命を起こしたのである。

現在でも、砂糖の原料のサトウキビとテンサイ（ビート）の生産量を合わせると年に一五億トンを超え、米と麦を合わせた生産量よりも多い。味覚の世界での「甘味」の位置が理解できる。

サトウキビからつくられる砂糖（かつては「葦《あし》の蜜《みつ》」と呼ばれた）が普及するまでは、ミツバチが幼虫を育て、冬の蓄えの為にためこんだ蜂蜜が最高の甘味料だった。大部分が糖分からなる蜂蜜は、ローマの詩人ヴェルギリウスが「天からの露の恵み」と称したように自然界の奇跡的な甘味料だったのである。ちなみに蜂の種類は世界で一〇万種にもおよび、どこにでもいるありふれた昆虫である。一つの巣には大体三万から六万匹程度の働きバチがおり、たった六週間の生存期間中に「種の保存」のためにセッセと蜜を集め続ける。人間は幸福感に溢《あふ》れながら、それを失敬したのである。人類が、黄金色の蜂蜜の味を知ったのはきわめて古い。約一万年前に描かれたスペインの岩陰画には、野生のハチの巣から蜜を集める人物が描かれている。

蜜が採集される植物が多いために蜂蜜も多種多様だが、淡色のものは濃色のものよりも上質とされる。種類の多さが蜂蜜の神秘性を一層高めたのである。蜂蜜成分の七〇パーセント以上は吸収がよく栄養価が高い果糖・ブドウ糖で、ジアスターゼ・ビタミンB_1も含まれている。蜂蜜一キログラムの熱量は、二九四キロカロリーと高い。蜂蜜は現在でも効用と希少性により砂糖より格段優れた甘味料とみなされている。

蜂蜜は、長い間「不死」のシンボルともみなされてきた。現在でもローヤルゼリーは、そのようにイメージされている。メソポタミア文明・クレタ文明などでは、蜂蜜は死後の世界で食べられる貴重な食物とされた。めったに食べられない蜂蜜を身近に置くことは一種のステータスでもあったようである。エジプト文明では、ファラオ（王）と神官のみが、神聖な食べ物として上質の蜂蜜を独占した。ラムセス三世の時代（前一二世紀）には、三万一〇九二個の壺《つぼ》、約一五トンの蜂蜜が神殿に納められていたという。古代中国でも蜂蜜は評価が高い甘味料だった。『礼記』は、なつめ、栗、飴《あめ》と並んで、子が蜂蜜を供することを、親孝行として記している。アメリカ大陸でも、最古のマヤ文明を築いたマヤ人の手でハチを飼う技術が確立されている。

時代はかなり下るが、中世ヨーロッパでも蜂蜜は貴重な食材とされた。ゲルマン人は、結婚後の一カ月間、蜂蜜を発酵させた酒を飲んで子づくりに励んだという。それが新婚旅行や新婚休暇を指すハネムーン（蜜月）の語源である。フランク王国のカール大帝（七四二―八一四）は財政面から養蜂を奨励し、収穫した蜂蜜の三分の二、蜜ロウの三分の一を税として物納することを義務づけた。当時、ある程度ゆとりのある家庭では必ずミツバチが飼われていたという。

塩が語源のソースとサラダ

塩は辛み調味料の代表で、味付け、漬物などの食品保存（腐敗防止）、発酵の調整、傷口の消毒などに幅広く利用された。その汎用性から塩は、生活に欠かすことのできない食品となり、「生命の糧」とみなされた。現在でも世界で年間二億トン以上の塩が製造されており、食材としては八番目の生産量である。一リットルの海水には約三〇グラムの塩が含まれるというから、現在では塩は高価な食材ではない。

動物の生肉を多食した時代には、生肉にナトリウムなどのミネラルが多く含まれていたために、塩はさほど重要ではなかった。ところが穀物が主食になると、塩分の摂取が生活に欠かせないものになる。文明は必ず、塩が確保できる場所に成立した。ユーラシア、アフリカ大陸の大乾燥地帯に成立した四大文明では、生理的に欠かせない塩の確保が大問題だったのである。『新約聖書』マタイ伝の有名な言葉、「あなたがたは、地の塩である。もし塩のききめがなくなったら、何によってその味が取りもどされようか。もはや、なんの役にも立たず、ただ外に捨てられて、人々にふみつけられるだけである」を引くまでもなく、塩は大地のパワーであり、大地の味であるとみなされたのである。

塩の製法は、メソポタミアからエジプト、ギリシア、ローマへと伝えられた。ギリシアでは塩は、人々の生活に不可欠で「共有されるべきもの」という意味で友情・歓待のシンボルとされ、「味がずっと変わらないこと」という特性から約束のシンボルとも考えられた。

前九世紀の詩人ホメロスは「塩は神聖」であると述べたが、ギリシアでは塩が清めのために用いられ、生け贄《にえ》として神に捧《ささ》げられる動物の頭に振りかけられた。ギリシアの民衆は、タコや魚を大変に好んだが、塩は冷蔵技術のない時代に遠く離れた漁場からタコなどを運ぶ際の防腐剤として欠かすことができなかった。古代中国でも獣肉を塩で保存する「鹹《ハン》」というハムに似た保存食品がつくられている。

ユダヤ人は、塩が変わらない性質をもつことに着目し、神と人、人と人の間の契約のシンボルとみなした。『旧約聖書』にある「塩の契約」は、共に塩を摂取することにより深い信頼関係が生み出されたことを意味している。塩が神聖なもののシンボルであったことは、「献《ささ》げ物《もの》にはすべて塩をかけてささげよ」（レビ記二、一三章）というような記述からも窺《うかが》える。

ちなみに海に囲まれた日本でも、塩はケガレを払う海水の化身と考えられ、神への捧げ物になった。神棚に米と水と一緒に塩を供える風習はそれを示している。相撲の時に土俵に撒《ま》く塩や葬儀から帰った時の清めの塩も、同様の風習の名残である。

ソース、ソーセージ、サラダも、塩と密接に関わっている。たとえばフランス料理の華ともいえるソースは、ラテン語で塩を意味するサル（sal）に起源をもつ。食卓上に塩を置いて、食事の際に各人の好みに応じて味付けをするイギリス、アメリカの食事と、ソースを重んじるフランスの料理とは全くスタイルを異にするように外見上は見えるが、原点は同じなのである。フランスのソース（sauce）は、サル（sal）を限りなく洗練化したものとみなすことができる。

牛や豚や羊の腸に、塩漬けにした豚、羊、牛などのひき肉を詰めて湯煮《ゆに》・燻煙《くんえん》・乾燥するのがソーセージだが、もともとはハムやベーコンをつくった後の残り肉がつかわれた。ソーセージ（sausage）は英語だが肉の塩漬けを意味するラテン語のサルサス（salsus）からきており、もともとはサルに由来する。サラミ・ソーセージのサラミ（salami）も同じ語源である。ちなみにハムは豚のもも肉を塩漬けにした後に燻煙、湯煮したもので、ハムの語源は「豚のもも肉」である。

生野菜を主材料（場合によっては肉、魚介、卵を加えドレッシングであえる）とするサラダ（フランス語でサラド salade）の語源もサル（sal）であり、塩と関わりが深い。ギリシア・ローマで塩を添えて生野菜が食べられたことから、こうした呼び名が生まれたらしい。最近のデパ地下では、多様な産地の塩が販売されているが、塩は食文化を支える偉大な存在だった。日本でも料理の味加減を調えることが「塩梅《あんばい》を見る」と言い習わされているように、塩は料理の味を調える万能の調味料なのである。

第二章　農耕・牧畜による食のパターン化

I　イネ科植物が運んだ食糧の安定

「加熱」から始まった文明

食卓の劇場の主役は、地球の中緯度地帯の厳しい乾燥化との戦いのなかで固いイネ科植物の種子に決まった。たまたま乾燥化で弱り切っていた人間社会の周囲にイネ科植物があったということだが、歴史とはそうしたものである。後で必然として説明される出来事も、最初は皆偶然なのである。それはそれとして多産なイネ科植物は大変な名優で、多くの脇役を従え食卓という劇場で多くの「出し物」を演じ続けることになる。しかし、名優の登場には、それなりの下積みが必要だった。固い穀物の種子が食卓の劇場の名優に変わるには、「加熱」により柔らかくなるという試練が必要だったのである。

穀物の変身を助けたのが、火だった。火は、世界各地の神話、伝承に必ず登場してくる。たとえば古代インドの神々のなかで、祭火を神格化した「火の神」アグニは人間に最も近い神とされた。ペルシア神話では猟師の放った矢が岩に当たり、岩のなかから火が現れたと説明される。ギリシア神話では、本来オリンポスの神々のものであった天上の太陽の火をウイキョウの茎のなかに隠して盗みだした英雄プロメテウスが人類を神々に近づけたとされる。プロメテウスは火を人間に教えたために主神ゼウスの怒りを買い、コーカサス山の岩に鎖でつながれ、肝臓を大ワシに啄まれるという重罰を課されたのである。プロメテウスについては、こんな話もある。

ある時、神と人間の間で犠牲《いけにえ》の動物の肉を分け合うことになった。その時に人間の味方をしたプロメテウスが牛の骨を脂肉でくるんだものと、肉と臓物を皮にくるんだものを用意し、ゼウスに前者を選ばせた。その結果、神が骨と脂肉を獲得し、人間が美味《うま》い肉と臓物を獲得するようになったというのである。それに怒ったゼウスが人間から火を奪ってしまったという。食べ物の恨みは、神も例外ではなかったようである。

料理は、(一) 生、(二) 加熱、(三) 発酵、の三群に大別されるが、一番種類が多いのは (二) の加熱である。「加熱」が多くの料理を生み出し、食文化を一変させたことに着目したのが、フランスの歴史家ジャック・バローである。彼はポットの製作により料理が革命的に変化したことを高く評価し、「セラミック革命」と名付けた。壺《つぼ》を表す「ポット (pot)」という言葉から、壺のなかで水とともに食物を煮ることにより得られる濃厚なスープ「ポタージュ (potage)」が派生してくる。やがて煮た食材を固体と液体 (スープ) に分けて利用することも始まるようになる。

火を生活に取り込むことが、「文明」には不可欠だった。メソポタミア文明を築いたシュメール人は、ポットを上に置いて使うカマドやオーブンをつくっていた。三八〇〇年前のウルの都市遺跡からは、日干しレンガでつくられたカマドやオーブンが多数発掘されている。

食卓の主役「リトル・ジャイアント」

農耕・牧畜の開始は、今から一万年前に起こった人類史上の一大事件だった。人々は森・草原などを焼き払い自然の生き物を滅ぼして畑を拓《ひら》き、特定の作物だけを栽培した。農業の誕生である。当然のことながら畑に侵入する動植物は、「害をなすイキモノ」として排除された。畑の拡大により人類の生活の場が、「生の自然」から「管理された自然」に移り、栽培と飼育により得られた食材を利用した料理が、テーブル上に連日登場することになる。料理の安定化とパターン化である。食卓は自然の循環から半ば切り離されて、人工的な色彩を帯びるようになった。ちなみに主食は英語で「staple food」と表現するが、「staple」には「中心的な」という意味と「お決まり」という二つの意味がある。

現在の人類社会は、基本的にコメ、コムギ、トウモロコシ、キビ・アワ、オオムギ、ライムギの六種類のイネ科植物に依存している。穀物は、四大文明の時代から現在にいたるまで一貫して、人類のために頑張り続けているのである。ちなみにイネ科の植物は約九五〇〇種もあり、植物界で四番目に大きい植物群である。二〇〇一年から三年の穀物の年間産出量は、トウモロコシ（六〇、二五九万トン）、コメ（五七、六二八万トン）、コムギ（五七、二八八万トン）、オオムギ（一三、二二二万トン）の順であり、飯・パンなどの主食、ビール・日本酒などの原料、家畜の飼料のすべてが、穀物に依存している。現在でも世界の労働人口の約半分が、穀物栽培を中心とする農業に従事しているのである。穀物は、「小さな巨人」といっても決して過言ではない。世界の食卓で活躍する「小さな巨人」の代表格は、世界三大穀物のコメ、コムギ、トウモロコシである。

2　三大穀物とそれぞれの食世界

東南アジアからのコメの大旅行

豊作と凶作の間に差が少なく連作が可能なイネは、人口扶養力が高い作物として食の世界史で大活躍してきた。中国とインドという人口大国は、いずれもコメにより支えられている。コメの栽培は、現在日本からマダガスカル島にいたるひろい地域にひろがっており、世界人口の三分の一の二〇億人以上の人々が主食としている。ちなみに欧米でもコメは多産のシンボルと見なされている。結婚式後の新郎新婦に米粒を投げて子宝を祈るライスシャワーの習慣は、それを示している。

渡部忠世氏の『稲の道』は、コメの起源は雲南・アッサムの山岳地方にあるとし、東アジアへは長江《ちょうこう》、東南アジアへはメコン・チャオプラヤ・イラワジ川、インドへはガンジス川に沿って伝播したとする。メコン川流域からはジャポニカ（japonica、日本型）とインディカ（indica、インド型）の両種のイネが見いだされ、コメの原産地とみなされている。東の中国・朝鮮・日本などには最初ジャポニカ種が、西のインドにはインディカ種がひろまった。

日本人が主食とするのは、粒が小さく、丸みを帯びたジャポニカ種（短粒米）である。ジャポニカ種は紀元前二八世紀頃に中国南部にいたり、更に北九州に伝えられたとされる。ジャポニカ米は、軟らかく、粘りと弾力があり、ほのかな香りと味わいがある。ジャポニカ米の淡い味わいが、繊細で味の薄い日本料理をつくり出したとされる。ジャポニカ米こそが、「水」を使う日本料理の土台なのである。

中国でも、最初はジャポニカ米が栽培されていた。しかし一一世紀頃になるとヴェトナム南部からインディカ種（長粒米）のチャンパ（占城）米が伝入した。旱《ひでり》に強く、二カ月で収穫が可能だったことからジャポニカ種が駆逐され、江南の水田の八・九割がチャンパ米に変わっていく。

わが国最古の水田遺跡、佐賀県唐津《からつ》の縄文晩期の菜畑《なばたけ》遺跡では、今から三〇〇〇年前に稲作が開始され、前三〇〇年頃になると水田耕作が本格的に行われるようになった。「豊《とよ》葦原《あしはら》の瑞穂《みずほ》の国」の誕生である。ちなみに「瑞穂」とは、みずみずしい稲の穂を指す。記紀神話では、高天原《タカマガハラ》（天上の世界）で太陽神のアマテラスオオミカミ（天照大神）が自ら水田を耕作したことになっている。日本文化は、イネの文化なのである。最初の頃のコメは、土器で煮て「粥《かゆ》」として食べられた。

コメを蒸して食べるには「甑《こしき》（現在の「せいろ」）」が必要になるが、「甑」が使われるようになるのは古墳時代のことである。「甑」で蒸したコメは「いい（飯、強飯《こわめし》）」と呼ばれた。当時はモチ米が食べられていたので、「いい」は現在の「おこわ」（「強飯」が語源）になる。平安末期に現在のような「めし」に変わったが、その背景には柔らかい「うるち米」の伝入と鉄製釜《がま》の普及があった。「煮る」、「蒸す」、「焼く」の三段階からなる「炊飯」には、最後の段階で高温を得るための鉄釜が必要だったのである。含水量の多い「めし」は、従来の粥（「汁粥」）より固いことから「固粥」、それまでの「いい（強飯）」と比べると柔らいので「姫飯《ひめいい》」と呼ばれた。「めし」の普及は、室町時代のことである。

インドには、アッサム地方を経由してインディカ種（長粒米）という細長くパサパサしたコメが伝えられた。紀元前二五世紀から一五世紀の間のことである。インドでは、インディカ米と油を巧みに組み合わせた独特の調理法が開発される。途中でコメを煮た湯を捨てた後で蒸す「湯取り法」がとられ、「脂」や「油」で炒めるのである。インドのコメ料理「プラオ」は、水牛の乳を発酵により凝固させたギーという油で炒め、塩を加えて炊いたものである。

インディカ種のコメは、インドを第二次原産地としてイスラーム帝国に伝えられ、更に地中海世界、ヨーロッパ世界に伝播した。英語のライス（rice）は、古ペルシア語、アラビア語を起源とする。インド風のコメの料理法も同時に西方に伝えられ、油でコメを炒める料理圏がひろがった。ちなみに欧米では、コメは野菜の一種とされ、肉料理に添える時にはバターで炒めることが多い。

トルコで生み出されたコメ料理の変型が、「ピラフ」である。ピラフは、トルコ語で「一椀《わん》の飯」の意味だが、コメ粒、刻みこんだタマネギをバターで炒め、ブイヨンを加えたスープで炊き上げ、更に羊肉、魚介類、マッシュルームなどの具を加えた「炊き込みご飯」である。中国料理のチャーハン（炒飯）は固めに炊いたご飯を、ラード、具とともに炒め、塩、胡椒《こしょう》、醤油《しょうゆ》で調理するものであり、ピラフとは全く発想が違う。

ピラフと同系列のイタリアのリゾットは、コメをオリーブ油、バターと一緒に炊く。スペイン東部バレンシア地方を代表する料理パエリャは、かつてイベリア半島を支配していたイスラーム文化の影響を強く受けた料理で、コメと具をオリーブ油で炒めた後、スープを加えて炊き上げる。コメの料理法が微妙に変化していくのが面白い。同じコメでも、消費の様式には歴史性が加味されるのである。

大乾燥地帯を支えたコムギ

コムギは殻が固いためにそのまま食べるわけにはいかず、粉に挽《ひ》いて食べなければならなかった。とても手間がかかったが、粉に挽くことからムギには発酵させやすいという特性も付加された。インド、パキスタン、イランの「ナン」、イラク、シリア、エジプトの「タンナワー」、西欧の「パン」などはすべて発酵を利用している。ムギは酵母菌が放出したガスを生地が囲い込むのを助けるグルテンの含有量が他の穀物よりもずば抜けて多く、発酵と深く結びついた穀物だったのである。

古代エジプトでは、「ムギを発酵させてふくらませたパン」を食用とした。そうした発酵パンは、大量にパンをつくった際に焼き忘れてしまったパン生地のなかで発酵が起こり、それをそのまま焼くことで得られた偶然の産物と考えられている。「ナイルの賜物《たまもの》」という言葉があるようにナイル川の恵みに依存したエジプトの主な農作物はムギであり、コムギこそが豊かさのシンボルだった。エジプトの豊饒《ほうじょう》の女神イシスは、頭にコムギを載せている。

古代の人々にとって凹凸のある二つの石の面を使ってムギをすり潰《つぶ》す仕事は、骨の折れる作業だった。工場を英語でミル（mill）というが、ミルの原義は石臼《いしうす》であり、製粉が人類最古の大作業だったことを示している。古代エジプトに見られたような人力でムギをすり潰す原始的な製粉法が石臼による製粉法に変わるのは、ローマ帝国時代になってからのことである。

石臼は前漢の時代に中央アジアを経て中国に伝えられ、「碾磑《てんがい》」と呼ばれた。日本に碾磑が伝えられるのは、七世紀初頭である。

前二〇〇〇年頃になるとパン焼窯が登場し、高温の窯の内壁に張り付けてパンを焼くようになった。古代エジプトでは、ピラミッドの建設に動員された労働者にも多量のパン、ビールが食糧として与えられている。中王国時代（前二二世紀—前一八世紀）には専門の製パン業者も現れ、パンの種類も多様化した。前五世紀にエジプトに旅行したヘロドトスは、「エジプト人はパン食い人である」と書き残している。エジプトのパンの品質のよさは周辺世界にも知れ渡っており、パンの種類も四〇種類におよんだらしい。

ウィルヘルム・ツィアーの『パンの歴史』によると、古代エジプトでは、役人の給料として年間三六〇杯分のビール、九〇〇個の白パン、三万六〇〇〇個の普通のパンが現物支給されていた例があるという。また、ファラオ（王）が旅に出る時は、数万個のパンが焼かれて王と従者団の旅行用に持参されたとされる。よいパンを焼く技術が大都市に限られていたのであろう。

「新大陸」に君臨したトウモロコシ

コロンブスが一四九二年に新大陸からスペインにもたらしたイネ科のトウモロコシは、アンデスの山岳地帯が原産地だった。しかしメキシコのテワカン谷の七〇〇〇年前の遺跡からは、最も古い種類のトウモロコシの穂が発見されており、きわめて古い時代にすでにトウモロコシがメキシコで栽培されていたという説もある。最古のマヤ文明から、アステカ帝国、インカ帝国にいたる「新大陸」の文明は、トウモロコシにより支えられていたのである。

八〇〇倍もの収穫があるトウモロコシは、多産な穀物として知られる米の約一〇〇倍の収穫と比べると分かるように格段に収穫量が多い穀物である。現在、トウモロコシは人間・家畜の食糧、飼料として世界中で数千品目が栽培されており、「Corn is King」などといわれている。トウモロコシこそが穀物の王だというのである。

トウモロコシを使った料理としては、スイートコーンにベシャメルソース（牛乳、バター、ルーでつくる）、牛乳を入れ、塩とコショウで味付けしたコーン・スープ、メキシコ料理のトルティーヤなどがある。トルティーヤは、トウモロコシの粉を捏《こ》ねてつくった生地を円盤状に薄く延ばして陶器の板の上で焼く平焼きパンだが、それに肉、魚介類、ソーセージ、チーズ、トマト、アボカドなどの種々の具を挟むと、メキシコ農民がスナックとして食べるタコス（tacos）になる。トルティーヤは、アステカ帝国で「トラスカリ」と呼ばれていた伝統料理で、乾燥させたトウモロコシの粒を薄い石灰水で処理した後ですり潰し柔らかくした粘り気のある生地でつくるのが本来の製法である。

3　食肉の主役となったブタとヒツジ

食肉の魅惑

人類は、身近に住む野獣や魚を食べることでタンパク質を獲得してきた。マーヴィン・ハリスは、アトランタ大学のS・ボイド・イートンとメルヴィン・コナーの論文に依拠して、「人類の歴史の大部分、われわれの身体は、一日に約七八八グラムの赤身の肉を消費するよう適応していたということである。この量は、現在のアメリカ人が消費する牛肉、豚肉、羊やヤギ肉の総量の、一人あたり平均消費量の四倍である」と述べている。穀物が登場しても野獣、魚の肉への依存は変わらず、人々は肉に対する強い渇望を持ち続けた。農耕を始めた人類は、有用な動物の飼育を開始し、労役、肉や乳の利用、衣服の原料の獲得などの多方面で利用した。管理しやすい特定の動物の肉に依存する傾向を強めていったのである。こうした牧畜は、農業とほぼ同時期に始まった。農業社会では、補助的に牧畜が行われたが、中緯度の乾燥した草原では、家畜の飼育に特化した遊牧民の活動が広がった。

人類が食用とした主な家畜には、ブタ、ヒツジ、ヤギ、ウシ、アヒル、ニワトリ、七面鳥などがあげられる。現在、地球上には、約七億頭のブタ、約一二億頭のヒツジ、約四億八〇〇〇万頭のヤギ、約一三億頭のウシ、約六〇〇〇万頭のウマ、約一億羽のアヒル、約六〇億羽のニワトリ、一億羽以下の七面鳥が飼育されており、それらが料理に姿を変えて食卓の劇場に登場する。つぎに主な食肉用の家畜、家禽をざっと見ていくことにする。

肉食の罪悪感と儀礼

牧畜が始まると、食卓に特定の食肉群が頻繁に顔を出すようになる。しかし、人々は手当たり次第に肉を口にしたのではなかった。歴史的、宗教的に特別の肉を避けたのである。そうした風習は、遊牧民のモンゴル人が魚と鳥肉を食べないように、習慣的に特定のものを避ける「忌避」、宗教的な理由で食べることを避ける「タブー」の二種類に分けられる。ちなみにタブーは、ポリネシア語で「聖なるもの」の意味の「tabu、tapu」に由来し、超自然的な力をもつ物に対して社会的に厳しく禁止が課される特定の行為、あるいは触れたり口に出したりしてはならないとされるモノ・事柄の意味がある。南太平洋を探検したイギリスのジェームズ・クック（一七二八―七九）が「旅行記」で用いたことから「タブー」という語が世界的に有名になった。食肉に関するタブーは、イスラーム教、ユダヤ教のブタ、ヒンドゥー教のウシ、ユダヤ教、キリスト教、イスラーム教のウマがよく知られている。

ヒンドゥー教徒は、ウシには三億三〇〇〇万の神々が宿ると考えて牛肉を忌避した。ウシから出るものはすべて神聖だと信じたのである。それに対してユダヤ教とイスラーム教では、不浄であるとして豚肉を避けた。その理由は諸説あり判然としない。豚が疫病を媒介したからとも、ユダヤ人の一部が移住していたエジプトで豚の飼育が賤民《せんみん》によりなされていたからともいわれる。イスラーム教徒の聖典『コーラン』には、「汝《なんじ》らが食べてならぬものは、死獣の肉、血、豚肉、アッラーならぬ邪神に捧げられたもの、絞め殺された動物、打ち殺された動物、墜落死した動物、角で突き殺された動物、また他の猛獣の啖ったもの―汝らが自ら手を下して最後の止めをさしたものはよろしい―偶像神の石壇で屠《ほふ》られたもの、賭矢を使い分配することも許されぬ」とある。豚肉を禁止しただけではなくイスラーム教徒には、食肉に関する厳格なタブーが課された。儀式にもとづき、アッラーの名の下に殺害された肉のみを食用にしたのである。

ユダヤ教徒は動物の血を抜くことで魂を抜き去り単なる肉塊に変えることができると解釈し、肉を口にする罪悪感の解消を図った。血を抜かない肉を口にすることはなかったのである。『旧約聖書』の「申命記」一二章二三、二四は、「ただ堅く慎んで、その血を食べないようにしなければならない。血は命だからである。その命と肉を一緒に食べてはならない。あなたはそれを食べてはならない。水のようにそれを地に注がなければならない」と記している。抜かれた血は神への捧げ物として保存され、祭壇に注ぎかけられたのである。

日照時間が短く、土壌がやせたヨーロッパにはこうしたしきたりはなかったが、家畜を肉塊に変える肉屋が秘義を行う特権的職業として尊敬された。人々は肉屋が特別な能力をもつと信じることで、安心して肉を食べたのである。

野菜に乏しいモンゴル高原では、家畜の生き血は重要なビタミン源、栄養補給源だった。血を腸に詰めて、熱して食べたのである。マルコ・ポーロの『東方見聞録』は、一日約七〇キロのスピードで大遠征を行ったモンゴル軍は、乗り継ぐために一人当たり一八頭のウマを引き連れ、食糧は持たずに、ウマの血管を突き刺して生き血を飲んで行軍を続けたと記している。

また、チンギス・ハーン（位一二〇六―一二二七）がモンゴル諸族の慣習法を統合した大ヤッサには、「獣を食べようとする時には、四肢を縛り、腹を割き、獣が死ぬまで手で心臓を締め付けなければならない。イスラーム教徒がやっているように獣の首を切り落として殺す者は、同じように首を切られて殺害される」と規定されている。心臓を締め付けることで魂が抜けると説明したのである。チンギス・ハーンはイスラーム教徒の習慣がモンゴル高原にひろがるのを防ぎ、自らの世界の伝統的な食習慣を維持しようとしたのである。

自分たちが生きるために、動物の生命を奪うことには苦痛が伴った。一緒に生活する家畜であれば、苦痛はなおさらのことである。食の世界を拡大するには心理的、宗教的な壁を乗り越えて家畜を物化するプロセスが必要だったのである。スーパーの店頭に並ぶ発泡スチロールの皿に盛り付けられた「切り身」の肉、魚は、簡単に出現したわけではない。

ブタ―東アジアとヨーロッパの食材の「切り札」

家畜の馴化《じゅんか》について『乳利用の民族誌』は、「ウシは紀元前八〇〇〇年頃に東地中海で家畜化され、ヒツジ、ヤギは紀元前一万年頃にメソポタミア北部で家畜化されたと考えられる。ウマの家畜化は紀元前三〇〇〇年に南ロシアで、スイギュウは紀元前三〇〇〇年頃インドで家畜化された可能性があるが、はっきりしたことは不明である。ヤク、ラクダ、トナカイの家畜化はもっと遅れた時代になってからと考えられる」と述べている。ブタについては、いつごろ家畜化されたのかが記されていない。ブタは農民が補助的に利用していたこともあり、家畜化の時期が不明確なのである。

しかし、現在世界で最もひろく食材として用いられているのは、豚肉である。アメリカ合衆国、アルゼンチンなどでは牛肉が、オーストラリア、ニュージーランドでは羊肉が主に食べられているのに対し、ドイツ、フランス、イギリスなどのヨーロッパ諸国、中国、メキシコでは豚肉が主に食べられている。日本でも、肉のなかでは豚肉の消費量が一番多い。一九九八年の統計では、世界全体で約九億五〇〇〇万頭のブタが飼育されており、そのうちの半分強が中国での飼育である。

ブタは餌のエネルギーの三分の一を肉に変えることができる、きわめて効率のよい家畜である。ヒツジが一割強、ウシが一割というエネルギー転換率に比べると、ブタの飼育の効率の高さが分かる。しかし、乳を全く利用できず、群居する性格もなかったことからブタは遊牧社会には馴染《なじ》まなかった。ブタは、四〇〇〇年から五〇〇〇年前にユーラシアにひろく生息していたイノシシが家畜化されたものと見なされ、きわめて種類が多い。豚肉の扱いは両極端であり、ユダヤ教、イスラーム教では、食べることが禁止されており、中国とヨーロッパでは食卓に欠かすことのできない食材になっている。

ローマ帝国時代、ガリア地方（現在のフランス）の大半は森だった。ガリアの住民は森の下草やドングリでブタを飼い、塩漬け肉、燻製《くんせい》などを帝都ローマに送り出した。中世のヨーロッパでも秋から冬に移る時期は、飼料の無くなる厳しい冬を控えてドングリをたらふく食べたブタを大量に処理しハム、ソーセージ、ベーコンなどの保存食をつくる季節だった。一一月一一日の聖マルティン祭からクリスマス祭の期間に、厳しい冬に備えて大量のブタが処理された。その時期は庶民が、一年に一度だけ腹いっぱい生肉を口にすることができる時期でもあった。現在でも、ヨーロッパのハム、ソーセージなどの多彩さには目を見張るものがあるが、それらは寒冷地の厳しい風土が生み出した食材だったのである。

ちなみにソーセージの本場ドイツでは、ソーセージのことをヴルスト（Wurst）という。ソーセージ（sausage）は、英語である。

ただ「肉」といえば豚肉を指すほど、中国料理では豚肉が重視されている。「ブタで使えないのは鳴き声だけ！」といわれるほど、徹底して利用し尽くされるのである。中国では伝統的にブタを農業と共生させ、必要に応じて一頭ずつ屠《ほふ》って食べた。中華料理は脂身の調理法が巧みで、火加減、時間、調理法で見事なまでに脂身を美味《おい》しく食べやすく変形させる。南宋の時代に、戦場に携行する保存食品としてつくられた浙江《せっこう》の金華《きんか》地区の金華ハムは、イタリアのパルマ近郊でつくられる生ハム（パルマハム）、スペインのハモン・セラーノ（jamón serrano）とともに、世界の三大ハムの一つに数えられている。ハムは、切断面が火のように赤いことから中国では「火腿《フウオトウイ》」と呼ばれた。

スペインでは、一一月一一日の聖マルティンの祝日の頃にブタを処理して、一家総出でハムやソーセージをつくる。ハモン・セラーノは、スペインの代表的な食材の一つになっている。生ハムには燻製するもの、塩漬け・乾燥するのみで燻製しないものなどの多くの種類があるが、最高の生ハムとされるのはハブゴ村というところでつくられるイベリア種のブタをドングリだけで自然放牧し肉を霜降り状態にした「ハモン・ハブゴ（jamón jabugo）」である。ヨーロッパが森で覆われていた時代を、彷彿《ほうふつ》とさせる生ハムである。

話は変わるが、八世紀にジブラルタル海峡を越えて侵入したイスラーム教徒に征服されたイベリア半島では、一一世紀中頃以降、半島北部からキリスト教徒の国土回復運動（「レコンキスタ」）が展開された。一二世紀中頃になると半島の約半分が回復され、一三世紀には主要都市だったコルドバ、セビリアが奪取され、一四九二年にはアルハンブラ宮殿で有名なグラナダが落とされて、レコンキスタは一応の終結をみた。スペイン王国も、レコンキスタのなかで形成されるのである。

レコンキスタの最中のスペインでは、イベリア半島の経済的実権を握っていたユダヤ教徒を弾圧して財産を没収し、それを軍資金にイスラーム教徒との戦闘が続けられた。イスラーム教徒には最初融和政策がとられていたが、ヨーロッパで宗教改革の波がひろがるとカトリックを強要するようになる。改宗を望まないイスラーム教徒、数百万人が海を越えてモロッコに逃れたのである。そうした一連の過程で、ユダヤ教徒、イスラーム教徒の識別に豚肉が大きな役割を果たした。ユダヤ教徒もイスラーム教徒も、宗教的に豚肉を食べることが禁止されており、豚肉を食べさせて、食べればカトリック、食べなければ両宗教に忠実な人間ということが一目瞭然だったのである。いくら改宗したと主張しても、豚肉で全ては明らかになった。豚肉は、「踏み絵」の役割を果たしたのである。

ヒツジ―遊牧民のコンパクトな食材

ユーラシアの中緯度地帯にひろがる東西八〇〇〇キロにおよぶ大草原は、ヒツジなど偶《ぐう》蹄《てい》類の家畜の群れを飼育する遊牧民の生活の場だった。ヒツジはウシ科の動物だが、衣服やフェルトの原料となる羊毛を得るのに便利であり、身体のあらゆる部位が有効に使える便利な家畜だった。食の面からみると、羊一頭の肉が大人二、三人で食べるのに丁度よい量であり、腐敗が大問題だった時代にはコンパクトな食材として歓迎された。ヒツジは非常におとなしい動物で、屠るのも簡単だった。ヒツジは食品に転換しやすい動物だったのである。

遊牧民は雄を中心にして雌が群れをつくるヒツジの特性を生かし、去勢によって雄の数を制限することにより群を管理した。ユーラシアの大草原で主に飼育されたヒツジは、一家族が生活するに二〇〇頭程度が必要だったとされる。ちなみに北海道で好まれる「ジンギスカン」料理の名は、それなりの意味がある。チンギス・ハーン（ジンギス汗）を生んだモンゴル高原では、群の維持に関係のない去勢されたヒツジが盛んに食べられたのである。

遊牧民は、ヒツジの皮と骨と胃袋の外は、全て食材にする。特に「血」は、大切なビタミン源として上手く活用された。解体する時に容器に移した「血」に香辛料、小麦粉を混ぜて腸詰めをつくり、大鍋《おおなべ》で茹《ゆ》でて固めて血の腸詰めにしたのである。

トルコ人はもともと中央アジアの遊牧民だったが、一一世紀にイスラーム帝国に侵入して実権を握り、ペルシア人、アラブ人に次ぐ中東第三の支配勢力になった。セルジューク朝である。トルコ料理で用いられる主な獣肉は彼らが大草原地帯から持ち込んだヒツジの肉であり、炭火で羊肉を串焼きにするシシ・カバブはトルコの代表的料理になっている。

毛織物工業を代表的産業とするヨーロッパでも、牧羊の中心地イギリスを中心に多くのヒツジが飼われた。羊肉はステアリン酸などの高級タンパク質が固有の臭みを出すので食べ難《にく》い面もあるが、香辛料、ハーブ、調味料などで臭みを消して貴族の宴会などで盛んに食べられた。羊肉には成長した羊の肉マトン（mutton）と生後一ヵ月程度の子羊の肉ラム（lamb）があるが、柔らかく、臭みが少なく、風味があるラム肉の方が高級とされる。

ウシ――一九世紀に庶民化した食材

現在、食肉の代表のように考えられている大型獣のウシは、かつては農耕用、搾乳用、生《い》け贄《にえ》用であり一般的な食材ではなかった。ウシの肉が、食材として一般化するのは一九世紀以後のことである。中国人やイスラーム教徒は牛肉を劣った肉とみなし、ヒンドゥ教徒はタブー視して食べなかった。

牛肉の歴史が長いように思われているヨーロッパでも、食用にされていたのは主に森のドングリを餌とする豚であり、ウシはあくまで犂《すき》を引く動力源だった。老齢になり農耕では使えなくなったウシの硬い肉しか口にできなかったのである。英語のビーフは「成牛の肉」の意味である。一九世紀後半まで、それでも硬い牛肉は王侯貴族のステータスを示す食材とみなされた。現在は、ヘレフォード種など食肉にすることを目的に交配、選別された肉牛の柔らかい肉がテーブルを賑《にぎ》わしている。

牛肉は、贅沢《ぜいたく》な食材である。ウシに穀物を与えて肥育すると、飼料とする穀物のエネルギーの九割、タンパク質の八割が失われてしまう。穀物をそのまま食べれば一〇人が生きられるが、肉にすると一人か二人しか生きられないのである。

「大英帝国が陽の沈まない国にまで発展したのは、本国の料理から逃げ出すためにイギリス人が世界中にひろまったためである」という悪口があるように、イギリス料理の「不味《まず》さ」は有名である。余りよい食材に恵まれないイギリスの代表的な料理の一つが、ローストビーフである。イングランドに駐屯した古代ローマ軍が征服地のイングランドのウシを使って考え出した料理とされるローストビーフは、牛肉の比較的柔らかな大きな塊を塩、コショウした後、麻糸で縛り、背脂を加え、強火のオーブンで乾かないように肉汁を加えながら焼き上げる。肉の塊が大きく火が通りにくいために、肉を炎から少し離しじっくりとロースト（roast、蒸し焼き）しなければならなかった。

ウシの厚めに切った肉片を平らな鉄板の上で焼く料理が、ステーキである。ステーキの語源は、焚刑《ふんけい》にする時に人間を縛りつけた杭《くい》にあるとされる。ステーキは、いってみればウシの肉の磔《はりつけ》ということになる。イギリスの貴族はステータスとして庶民が口にすることのできない硬い牛肉を食卓にのせたが、背骨の内側のヒレ肉と背肉が比較的軟らかく、ステーキ用の肉として珍重された。

肉を焼くだけのステーキでは、火の通し具合が勝負になる。そこで、強火で肉の表面を焼いただけのレア（rare）、赤い肉汁が残るミディアムレア（medium rare）、普通の焼き方で肉の切り口が桃色のミディアム（medium）、肉汁がほとんど出ないウェルダン（well-done）の四段階を基本とする微妙な焼き具合が工夫された。火の通り方の違いによる、味、歯触り、旨《うま》みの違いを楽しんだのである。

代表的なヨーロッパのステーキとしては、サーロインとシャトーブリアンがある。エリザベス一世（位一五五八―一六〇三）が七〇歳で世を去った後、スコットランドから迎えられてイングランド王を兼務したジェームズ一世（位一六〇三―二五）は、自分は人類の祖先であるアダムと同じように「イングランド人の父」であると称し、独裁政治を行いピューリタンを厳しく弾圧した王だったが、イングランドの牛肉だけはこよなく好んだ。ジェームズ一世は、ある宴席で出会った適度の脂肪が混じった風味豊かな牛肉に感激し、この腰肉の部位はどこかねと尋ねた。それが背側の肩からももにかけての「ロイン」と答えられると、その部位に貴族の称号である「サー（sir）」を与えたといわれる。それ以来、「サーロイン（sirloin）」は、脂肪分が少ないフィレ（英語ではテンダーロイン tenderloin「やさしいロイン」）より高い地位におかれるようになったという。

フランスではウシのフィレ肉の一番厚い部位（端から八―九センチ入った一番太い部位）

を厚目（三・五センチ程度）に切って網焼きにしたステーキ（テンダーロイン）が、好まれた。フランス革命中に亡命し、後に復古したブルボン家に仕えた貴族出身の政治家、文学者、美食家のシャトーブリアン（一七六八―一八四八）のシェフ、モンミレイはその部位を使って、脂肪分が少ない、軟らかいステーキ料理を考案した。鳶色《とびいろ》のシャトーブリアンと呼ばれる自家製ソースを掛け、ジャガイモのバター炒めを添えた赤身のステーキは、やがて「シャトーブリアン（chateaubriand）」の名でひろまることになる。

ニワトリ―アメリカからの二〇世紀の新しい食材

現在、世界中で最も大量に食材として利用される食鳥は、キジ科のニワトリである。世界各地で多くの種類のニワトリが飼われているために原産地は分かりにくいが、インド、タイ、東南アジア一帯に生息する赤色野鶏が原種ではないかとされている。ニワトリは、もともと闘鶏や鑑賞を目的に家畜化されたもので、最初から食材とみなされた訳ではなかった。

古代ローマではニワトリは軍神マルスの神鳥と考えられた。そうした伝統を継承し、ヨーロッパではオンドリは勇気のシンボルとされ、とくに時を告げるオンドリはキリスト復活のシンボルとみなされた。フランス、ポルトガルなどでオンドリが好まれるのは、そのためである。

自然状態でニワトリが一年間に生む卵は二〇個から四〇個といわれるように、余り多くはない。しかし最初に食材として注目されたのは鶏卵であり、卵を生まなくなったニワトリが食用にされた。しかし年老いたニワトリの肉は、あまり美味ではなかった。

傷み易く長持ちしないが、淡白で軟らかい鶏肉《とりにく》がヘルシーな食材としてさかんに利用されるのは冷蔵技術が発達した一九世紀以降である。ニワトリは環境への適応力に優れており集約的飼育が簡単なために、飼育が進んだ。二〇世紀後半にアメリカであぶり焼用のニワトリの飼育法として開発された工業的な大量飼育の方法でブロイラー（あぶり焼を意味する「ブロイル」に由来）が飼育されるようになると、養鶏は工業化して安価な鶏肉の供給が可能になった。

鳥類は卵から孵化《ふか》した後二、三カ月で急速に成鳥の大きさになり、後は大きくならないという性質がある。ブロイラーは、その性質を利用した巧妙な生産方法であり、僅《わず》か六〇日から九〇日位で二キログラム程度に肥育された若鶏《わかどり》が出荷された。そのために、飼料のエネルギーが効率的に鶏肉に転換され、ウシやブタと比較すると五倍位効率的である。ブロイラーの体重を一キログラム増加させるための飼料は、約二キログラムに過ぎないという。新しい肉材として普及したために宗教的な制約がない鶏肉は、大衆的食肉として世界中の食卓を賑わしている。

第三章

世界四大料理圏の誕生

I　巨大帝国で体系化された料理

帝国と宮廷料理

地域ごとに食材と調味料、調理技術を組み合わせた料理の体系が整えられるのは今から二五〇〇年から二〇〇〇年位前のことであり、巨大帝国が、そのベースになる。帝都の宮廷料理を中心に料理の体系化が進んだのである。

ドイツの哲学者ヤスパース（一八八三―一九六九）は、前七世紀から前六世紀にかけてユダヤ教、ゾロアスター教、仏教、儒教、ギリシア哲学などが同時に姿を現すことに着目して「人類の基軸時代」と呼んだが、巨大帝国の出現もほぼ同時期であった。都市が成熟して、大都市を中心とする帝国システムがかたちを整えたのである。食の世界でも、この時期には地域ごとに、固有の穀物、食肉、野菜などを中心とする「料理」という消費の様式が固まり、体系化が進んだ。

面白いことに、前七世紀から前一世紀にかけて、西アジアのアケメネス帝国（前五五〇―前三三〇）、南アジアのマウリヤ朝（前三一七頃―前一八〇頃）、東アジアの秦・漢帝国

（前二二一―後二二〇）、地中海周辺のローマ帝国（前二七―三九五の東西分裂）などの巨大帝国がユーラシアに続々と出現することになる。都市が出現し、文明が成立するのが五〇〇〇年前なので、巨大帝国の成立はちょうど文明が成立した時期と現代の中間ということになる。

新たに成立した巨大帝国では、帝都に税として莫大な富が集積され、商人たちの活動が活発化した。そうしたなかで、各地方の食材、調味料、料理技術が都《みやこ》に流入し、王宮調理人などのプロの手で整えられていった。帝都で体系化された料理は、地方都市を経由して周辺諸地域に伝えられ、料理圏が形成されることになった。東アジア、西アジア、南アジア、地中海の各料理圏である。

世界の三大料理

「世界で最も優れた料理は」と尋ねてみると、いろいろな答えが返ってきそうだが、一般的には中国料理、フランス料理、トルコ料理が「世界の三大料理」とされている。しかし、この三つの料理は形成された時期にズレがあり、「三大料理」という呼び方は余り歴史的ではない。

中国料理は、秦・漢帝国以来の二千数百年の中華帝国の伝統に培われ、宋代（一〇世紀末―一三世紀）に基本形が整えられた。中国料理は複雑で、清《しん》代（一六一六―一九一二）の宮廷料理を引き継ぐ北京料理、長江下流の豊富な米と魚介類を食材とする上海料理、長江上流の内陸盆地で形成された四川《しせん》料理、南部系の豊富な海産物を生かした広東料理に大別されるが、各「料理」にもそれぞれ地方料理、名物料理があり、膨大な幅とひろがりをもっている。中国には医術と料理を一体化する思想があり、長い歳月をかけて自然界の多様なものが積極的に食材として取り入れられてきた。しかし中国料理では、料理を材料、切り方、調理法により分類しているので比較的料理の体系が理解しやすい。

トルコ料理は、三大陸にまたがる大領域を支配したオスマン帝国（一三世紀末―一九二二）の下で体系化された料理であり、比較的新しい。

トルコ料理というと羊肉の串焼きの「シシ・カバブ」や「ドネル・ケバブ」が連想されるが、決してそれだけではない。「ドルマ」あるいは「サルマ」と呼ばれる詰め物料理があり、ブルガリア・ヨーグルトで知られるヨーグルトもトルコ語の「ヨウルト（「攪拌《かくはん》すること」の意味）」に由来する。要するに西アジア、中央アジア、地中海の料理を総合した料理だったのである。

一六世紀のオスマン帝国の帝都イスタンブールのトプカプ宮殿の厨房《ちゅうぼう》は、毎日六〇〇〇人分の食事を供給できる規模と体制を誇っており、一日に使用される食材は、ヒツジ二〇〇頭、コヒツジ・コヤギ一〇〇頭、ニワトリ六百羽余りにおよんだという。トルコ料理はオスマン帝国の宮廷料理を中心に、各地方の料理が組み合わされることで大きな体系をもつにいたったのである。

フランス料理は古代ローマ帝国の宮廷料理をルーツとし、洗練された調理技術と地域の名物料理を組み合わせた料理で、一九世紀に体系化された。近代以降の料理であるといえる。一九世紀は世界各地に植民地をもったヨーロッパに莫大な富が流れ込み、「柔らかい帝国」が形成された。フランス料理は、そうした近代の産物なのである。

味の土台を築いた世界の四大料理圏

では歴史的に世界の料理を、どのように区分すればよいのであろうか。石毛直道氏の『世界の食事文化』は世界の料理圏を、

一．豚肉が主たる食材で醬《ジャン》、油脂による多様な加熱料理と食品保存の技術に特徴をもつ中国料理圏

二．カレー、ギー（油脂）の利用に特色があり、ヒツジ、ニワトリを主な食材とするインド料理圏

三．ペルシア、アラブ、トルコなどの多数の料理文化が重なっていて複雑だが、ヒツジを主な食材とし強烈なスパイスを多用するペルシア（イラン）・アラビア料理圏

四．パンを主食としハム、ソーセージなど肉の料理に特色があるヨーロッパ料理圏

の四つに分けている。こうした区分は、巨大な帝国の基盤の上に形成された「諸地域世

界」と重なる。世界史の枠組みと整合するのである。そうしたことから四つの料理圏に分けて、「大航海時代」以前の食の世界を考えるのが妥当であろう。

しかし、各料理圏を体系的に記述するのは紙幅の関係もあって困難なので、四つの料理圏の特色を示すテーブル劇場の役者を登場させ、簡単に各料理圏の特徴をデッサンしてみることにする。取り上げる食材はある種シンボリックな性格をもつものであり、日本の食卓にはほとんど顔を出さないものもある。

2　大乾燥地帯に根ざした中東料理

大地の象徴サフラン

中東の料理は、アラビア語で「タービル」と呼ばれるスパイスを多用するところに特色がある。そうした「タービル」のなかでも、大乾燥地帯の生活と古くから結びついていたスパイスがサフランである。

イスラーム世界でひろく用いられた高価な香辛料サフランは、秋咲きのクロッカスの雌しべを集めてつくられる。芳香を発するサフランは鎮痛、発汗、健胃などの薬効があり、黄色の着色剤でもあった。

サフランは後にヨーロッパにも伝えられ地中海料理でも盛んに使用されたが、「サフラン」という呼び名がペルシア語の「ザアーフラーン」に起源をもつことから、そのルーツが西アジアにあることが分かる。

サフランの材料アヤメ科のクロッカスの名は、メソポタミア文明の基礎を築いたシュメール人の言葉「クルカギーナ」に由来し、人類最古のシュメール文明とつながる唯一の現代語となっている。固い土を破って春の到来を告げるクロッカスは、シュメール人にとり心和ませる特別な花だった。シュメール人は、この可憐《かれん》な花に太陽の恵みを感じとったのである。

世界最古の文明が起こったのはメソポタミア南部で、担い手はシュメール人だとされる。ちなみにシュメールの語源は、「エン・ギー・ラ」で「土地・主・葦《あし》」つまり「低湿地の主人」の意味になる。大沼沢地が彼らの生活の場だったのである。

ムギという身近な雑草の栽培で生活を維持したシュメール人にとり、春になり荒れた大地が畑として蘇《よみがえ》ることが何よりも心待ちされた。そうした春の訪れの目印となったのが、固い土を破って黄色い花を咲かせるクロッカスだったのである。日本でも、初春にいきなり土から顔を出し花を咲かせる福寿草が「春を告げる花」として愛されているが、その思いはシュメール人も同じだったようである。

黄金色のクロッカスはやがて、香辛料、薬品として利用されるようになった。それがサフランである。サフランは、夏の太陽の恵みを受けて、秋に淡紫色の花を実らせるクロッカスの雌しべの柱頭を集め乾燥させた香辛料であり、その赤い色は、太陽のエネルギーを圧縮したものと考えられた。サフランは、一〇〇グラムをつくるのに四万本の雌しべが必要とされるといわれ、きわめて高価だった。ちなみにサフランは一五万倍もの水を黄色く変色させる着色力をもち、料理に鮮やかな彩りを加えた。

サフランはイスラームの時代になっても重んじられた。『アラビアン・ナイト』の「アリー・シャールとズムッルドとの物語」には、インドから伝えられた米とサフランを組み合わせたサフラン・ライスが登場する。他方、サフランもインドに伝えられ、サフラン・ライスはインドの代表的な現代料理になっている。

サフランは地中海周辺にも伝えられ、フランス料理のブイヤベース、スペイン料理のパエリャには欠かせない香辛料となった。しかし、製造過程で多くの雌しべを必要としたためにきわめて高価であり、偽物が頻繁につくられた。いうならば偽ブランドである。そのために偽物をつくった業者は厳罰に処された。一六世紀のフランスでは、王アンリ二世がサフランの栽培を奨励するとともに、混ぜモノを加えた者を死刑にしている。

ムギ文化より古いナツメヤシ

最も古いムギ文化を誇る西アジアでは、古来様々な形をした「ナン」という薄型の発酵パンが食べられた。アフガニスタンなどでは、食事そのものを「ナン」と呼ぶほどである。日本でいえば、「ご飯」といった意味になる。

ナンはヨーロッパのパンと比較すると、簡単に二つ折り、四つ折りにすることができ、食材を間に挟んで食べることができるため、手食に便利だった。西アジアは、手食の世界である。ナンのつくり方は、前日に小麦粉を十分に練ってドゥ（生地）をつくり（その際にイーストを加えることもあるが、伝統的な製法では加えない）、生地を一晩寝かせた後、週刊誌大の大きさ、厚さ一センチ位の板状に延ばし、高い温度に熱しておいたカマドの側壁に素早く張り付けて焼き上げる。それだけの作業であり、いたって簡単だった。ナンづくりには高温で、素早く焼くことが命とされる。

ペルシアの諺《ことわざ》に、「ナンはカマドの熱いうちに焼け（日本の「鉄は熱いうちに打て」の意味）」というのがあるほどである。

メソポタミア文明の時代に、固い外皮をもつムギを長期間保存するためにつくられたのが「バルガー」という食品だった。バルガーは、収穫したてのムギに水を加えて軟らかくなるまで煮込み、それを天日干しにして乾燥させ、石やひき臼《うす》を使って粉状にしたものである。火が通って酵素が殺されているため、バルガーは長期の保存に耐えた。このようにムギを使う古来の伝統料理が継承されているところに、西アジアの料理文化の大きな特色がある。

また、イラン、イラク、北アフリカの大乾燥地帯では、厳しい環境の下でも逞《たくま》しく育つナツメヤシの実が、万能の食材として生活に組み込まれた。二〇メートルから三〇メートルもの高さに成長するナツメヤシは、栽培八年目から実をつけ始めるようになり、一〇〇年位実をつけ続けた。一本の樹から年間二七〇キロもの実が収穫される場合もあったという。メソポタミアでは、麦よりも多収穫のナツメヤシの方が古い食材だったとされる。エジプトやメソポタミアでは、八〇〇〇年位前からナツメヤシが栽培されていたのである。

現在でも遊牧民にとりナツメヤシの実は主食、スナック菓子であり、ラクダに大量の荷物を積んで砂漠を行き来する隊商（キャラバン）の携帯食糧も干した実だった。種子はラクダの餌として利用された。ナツメヤシの実を潰《つぶ》してつくるシロップは、古代以来料理に欠かせない調味料であり、発酵させて酒や酢もつくられた。メソポタミアでは、パンを発酵させてビールをつくる以前の時代からナツメヤシの実を発酵させた酒（ナビーズ）がつくられていたといわれる。ナツメヤシは、大乾燥地帯に成長した西アジア諸文明を支える重要な食材であり、現在でも北アフリカ、イラン、アラビアでは人々の大切な財産と見なされている。

アラビア半島を北上したコーヒー

現在、ヨーロッパを代表する嗜好品とみなされているコーヒーは、実はイスラーム世界で育てられた嗜好品である。一七世紀にオスマン帝国からヨーロッパにコーヒーが伝えられると、折からの宗教改革もあり人間の理性を鈍麻させるワイン、ビールなどのアルコール飲料に対して、「理性を覚醒《かくせい》させる飲料」として大歓迎された。

コーヒーの原産地はエチオピアやスーダンなどの東アフリカで、種類は五〇から六〇種におよぶ。コーヒーはサクランボのような赤い実をつけることから、「コーヒー・チェリー」ともいわれるが、現在最も多く栽培されているアラビカ種は、六世紀頃からアラビア半島で栽培され始めた品種である。

コーヒーは穀物のように煮られ、豆も煮汁も食用とされた。また種子を粉末にし、バターでボール状に固め、携帯用の食糧とする場合もあった。持ち運びに便利なコーヒー豆は、携帯食として重宝されたのである。やがて薬効が認められると、コーヒーは煮汁としても利用されるようになる。一〇世紀にコーヒーの生豆を砕いて煮た煮汁が薬用にされたと、イスラーム世界を代表する医学者ラージー（八六五頃―九二五）は記している。コーヒー豆を砕き、煮出して飲む方法は、中世末期にアラビア半島南端部のイェーメン地方の港アデンで、イスラーム社会で異端とされたスーフィー（アッラーを体感したいと考える神秘主義者）により始められた。そうした飲用法は、イェーメン地方のモカ港を経てエジプトに伝えられたと考えられている。

コーヒーはエチオピアでは、もともと「ブンナ（Bunna）」と呼ばれていたが、インド洋と紅海、アフリカとアラビアを結ぶ交易の十字路の港アデンに伝えられると、呼び名が変わりコーヒーの木や豆は「ブン（bun）」、飲料としてのコーヒーは「カフワ（qahwa）」と呼ばれるようになった。この「カフワ」が、現在のコーヒーの語源である。

「カフワ」は「煎《せん》じてつくられる飲み物」の意味であり、ムスリムのスーフィーが飲むアルコール飲料を指した。しかし「カフワ」が簡単に発酵させることができるコーヒー豆でつくった酒なのか、それともワインなどの酒にコーヒーの粉末を加えたものなのかは不明である。日常の生活の外に身を置いて神との一体化を目指した神秘主義者のスーフィーにとり、アルコールの酔いが宗教的に有用だったことは理解できる。

しかし『コーラン』は、アルコールの飲用を厳禁している。ましてイエメン地方の都市ザビードには八一九年にアラブ最初の大学が創設されており、最盛期にはアラビア、アフリカから五〇〇〇人もの留学生が集まる学術センターだった。そうしたことからコーヒーがアルコール飲料として飲まれることを防止しなければならなくなり、コーヒー豆を炒《い》って発酵しないようにした。アルコール飲料の原料として使われる道を断ったのである。一三世紀頃のことである。

ところが「炒る」ことによりコーヒーの香味が増し、本来の「香ばしさ」が引き出されたのだから皮肉である。ちなみにコーヒーは炒り方が生命である。弱く炒ると酸味が、強く炒ると苦みが出る。微妙な味の変化が楽しめるのである。焙煎《ばいせん》こそが、コーヒーの生命である。

魅惑的なコーヒーは、次第にイスラーム世界を北上した。聖都メッカでは、カルダモンを入れて煮出した飲料が流行した。

一五五一年になるとオスマン帝国の首都であるイスタンブールに世界最初のコーヒーハウスが出現し、カイロ、ダマスカスなどの主要都市にもひろまった。一五六〇年頃のイスタンブールには、約六〇〇もの「チャイハネ」と呼ばれるコーヒーハウスがあったとされている。

3　森と地中海で育ったヨーロッパ料理

魚醬の味はローマの味

塩漬けにした魚介類を一年以上貯蔵し、熟成させた調味料が魚醬《ぎょしょう》（魚醬油）である。魚醬は、塩を使って魚介類の腐敗を抑えながら魚の内臓に含まれる酵素でタンパク質を分解し、塩味と旨《うま》みをうまく引き出した調味料である。簡単にいえば、魚介の塩辛を限りなく液状化した調味料ということになる。

小魚、エビを原料とするタイのナムプラ、イワシの仲間のカコム、ムロアジ類のカニョク、トビウオなど種々の魚を原料とするベトナムのニョクマム、小エビを原料とするインドネシアのトラシなど、海とかかわりの深い地域には種々の魚醤がある。魚醤は中国、朝鮮、日本などの東アジア世界でも用いられており、日本にも秋田のショッツル、能登半島のイシル、香川のイカナゴ醤油、鹿児島のカツオノセンジなどがあり、朝鮮半島のセウジョ、メルジョ、中国の魚露《ユイルー》も有名である。

地中海を内海とするローマ帝国でも、主な調味料は魚醤だった。ローマ料理は、魚醤の料理なのである。

ローマの魚醤は、「ガルム」あるいは「リクアメン」と呼ばれた。塩水にカタクチイワシなどの魚やエビを浸しておき、二、三カ月間発酵・熟成させ濾過《ろか》した調味料である。内臓を取り除いたカタクチイワシに塩と香料を加え、半年以上発酵させた「アンチョビ（英語、フランス語ではアンショワ）」は、そうした古代の調味料の名残りである。カタクチイワシの頭、内臓、骨を取り除いて半年以上塩漬けにした後、熟成させオリーブ油につけたアンチョビの缶詰は日本の食品店にも並んでいるが、きわめて塩辛く、普通の魚の缶詰とは違っている。

南イタリア、南フランスなどでは、熟成させたアンチョビの塩漬けが、ソースの風味を引き立たせる調味料として、現在でもサラダ、ピザ、パスタの味付けに用いられている。イギリスでインドの調味料を真似てつくられたウスターソースにも、ヨーロッパの伝統的なカタクチイワシの塩漬け（アンチョビ）が風味を加えるために添加されている。日本における醤油の使い方と、同じなのである。ちなみにアンチョビは、バスク語で「干し魚」を意味する「アンチョバ（anchova）」が転じてできた呼び名である。

地中海各地では、底にガルムの結晶がこびりついたアンフォラ（ギリシアの壺《つぼ》の一種）が古代の沈没船から多数発見されており、前五世紀頃からガルムが調味料として使用されていたことが分かる。ガルムは、カタクチイワシ、あるいはニシンの腸を塩に漬け込んだ後に日に晒《さら》して腐敗させ、それに香草を煮詰めた液を入れ漉《こ》してつくった。強烈な匂いをもつ、大変塩辛い調味料だったのである。

ガルムは、二、三滴で料理の味を全く変えてしまうといわれるように個性の強い調味料で、大変に高価だった。ローマ人は塩辛い料理が好きだったのである。ガルムの産地は、南ガリア（フランス）、イベリア（スペイン）の地中海沿岸で、業者がこの地域に集中していた。

しかし、七世紀から八世紀にかけてのイスラーム教徒の大征服運動で地中海がイスラーム教徒の支配下に入り、古代地中海世界が南のイスラーム世界と北のキリスト教世界に分裂して、後者の中心がアルプス以北の内陸部に移ると、海岸地帯で生産されるガルムの使用は急速に衰えていった。

オイルの語源、オリーブ

地中海を代表する食材は、何といってもオリーブである。楕円《だえん》形の未熟な果実は塩漬けにされ、黒くなった熟果からはオリーブ油がつくられる。

最近、コレステロール値を低下させるのに効果があるとして、日本でもオリーブ油が急速に普及している。オリーブ油には、絞ったままで処理されていないバージンオイル、精製した油にバージンオイルを加え使い易くしたプーロオイル、エクストラバージンオイルがあるが、現在はヘルシーな油として多様な銘柄が家庭に浸透している。

オリーブの原産地は小アジアからシリアにいたる東地中海の沿海地域であり、すでに五〇〇〇年前から栽培されていた。『旧約聖書』の創世紀には、大洪水が終わり、ノアが箱舟からハトを放つと、夕方にハトがオリーブの葉をくわえて戻って来るという記述がある。地中海世界は夏の降水量が少ないが、下層土が湿潤なためにオリーブやイチジクの栽培には適していた。

大量に栽培されたオリーブは実が食べられただけではなく、灯油・食用油としてもひろく用いられた。収穫直後の熟したオリーブの実の二割は油分である。ギリシア語の「オリーブ」は「elaia」で、「油」の「elaion」とほぼ同じだが、それはオリーブ油こそが油であった証拠である。英語「olive」の語源は、ローマで用いられたラテン語の「oliva」にあり、オイル（oil）は、オリーブが訛《なま》った呼び名であるとされる。

古代ギリシアの最大の特産品は、オリーブだった。アテネには、こうした伝説がある。新しく都市《ポリス》が建設されて守護神を選ばなければならなくなった時に「知恵と戦いの神」アテネと「海の神」ポセイドンが互いに争って譲らず、何を贈れるかで決着をつけることになった。アテネはオリーブの木を贈り、ポセイドンは海馬を贈った。結局、アテネの贈り物の方が優れているということになって、都市の名がアテネとなったというのである。アテネの守護神、「知恵と戦いの神」アテネは、オリーブ栽培の神でもあった。

ギリシア人は、オリーブの世話と加工を純潔な乙女と青年にゆだね、死者が出るとその顔にモクセイ科の香りのよいオリーブの油を注いだ。オリーブは「清浄」と「聖化」のシンボルとされたのである。

また四年に一度開催されるオリンピア競技の勝者には、オリーブの冠が与えられた。オリーブは、「勝利」のシンボルでもあった。ローマにオリーブ油が移植されたのは前六〇〇年頃だったが、豊富に利用されるようになるのは、四、五世紀であるとされている。オリーブ油は、たちまちローマを征服したのである。

人口一〇〇万人を数えた帝都ローマの遺跡にはオリーブ油を運んできた壺の破片が巨大な山をなしており、壺の数は四〇〇〇万個にもおよぶのではないかと推定されるほどである。

「コンパ」はパンを食べながら

地中海世界やヨーロッパでは、古代エジプトの系譜を引くパンが主食となった。エジプトの製パン技術は、ローマ帝国に引き継がれて長足の進歩を遂げる。武力で地中海周辺の広大な地域を征服したローマ帝国は、パン焼き職人や粉挽《こなひ》きの技術者を強制的に連行し、積極的な技術の移転を図ったのである。ひき臼《うす》による製粉、パン焼きカマドの改良、馬の尻尾《しっぽ》の毛で「粉ふるい」をつくるなどの技術の改良がなされたが、良質の小麦粉が得られたこともローマのパンを美味《おい》しくするのに貢献した。

ローマなどには多くのパン専門店が生まれ、一世紀にはパン屋の組合ができるほどになった。アウレリウス帝（一六一―一八〇）の時期には、ローマに二五四軒の共同製パン所があったといわれる。

最近の若者は、「合コン」、「コンパ」という言葉をよく使うが、その由来には余り関心が払われていない。

「コンパ」は、かつての学生用語の「カンパニー（company)」に由来する。カンパニーは同じ語源のコンパニオン（companion）と同様に「仲間」という意味をもつが、それは普通の仲間ではない。「company manners」というと、よそ行きの行儀ということになるように、改まった堅苦しい仲間なのである。更に調べてみると、これらの語は共に「パンを裂いて共に食べる（仲間）」という「コミュニオン（communion）」に由来することが明らかになる。つまり、キリスト教でイエスの身体を象徴するパンを信者が共に食べ、兄弟の契りを結ぶことが、「コンパ」の語源になるのである。

イエスは、使徒たちとの最後の晩餐《ばんさん》で、パンを千切って弟子に与え、「これは、あなたたちに与えられるわたしの身体である」と述べたと言い継がれ、パンはキリスト教の聖餐（ミサ）に欠かせない食品になった。

ちなみに「コミュニケーション（communication）」も、もともとは同じ語源の言葉で、神に捧げられた食物を共食することにより神と人間が交流することを意味する。

ローマ帝国の滅亡とともにパンをつくる技術は衰えたが、地中海商業が復活すると再び蘇《よみがえ》った。ヨーロッパ中世の「Lady（淑女、領主の奥方）」、「Lord（領主）」という語も、パンと深い関わりをもっている。古代英語の「パンを守る人」が「Lord」の、「パン生地を捏《こ》ねる人」がLadyの語源になっているのである。中世の領主にとって、パンの製造と管理が何よりも重要であったことの名残であろう。奥方がパンの製造を監督し、領主ができあがったパンを管理して従者に分け与えたのである。

日本にパンが最初にもたらされたのは、一五四三年にポルトガル人が種子島に鉄砲をもたらした時だったとされる。ちなみに大航海時代に船上で食べられたパンは、長期の保存に耐える「ビスケット」だった。ビスケットは、ラテン語の「二度焼く」に語源をもち、保存性に優れた二度焼きパンだった。わずかばかりのビスケットとワインで船乗りは、荒れる海を渡ったのである。ポルトガル人が日本にもたらしたのはライ麦入りの固いパンとされるが、実際はこうしたビスケットだったのかも知れない。いうまでもなく「パン」は、ポルトガル語である。

その後、商業が発達して地域内の結びつきが強まると「地方パン（ランド・ブレッド）」が生まれ、フランス革命後には「国のパン（ナショナル・ブレッド）」が普及することになる。

4　ウシを殺さずウシを生かしたインド料理

聖牛は人間の活力源

ウシは、人類の歩みと深く関わる大型獣である。ウシは、長い間人間を補佐して固い土を耕す家畜として利用されてきたのである。メソポタミアでもクレタ島など地中海諸地域でもウシは聖獣とされたが、特にインドではコブウシ（ゼブ zebu）が、インダス文明以来神そのものとして尊崇された。現在でも一億八〇〇〇万頭のウシが飼われているインドは、ウシが人間と共存している国である。そうしたインドでは、当然のことながら牛肉の摂食が避けられた。インドではウシは「殺されてはならないもの」と見なされ、その鳴き声は美の極致とも考えられたのである。

しかし牛乳となると話は全く別であり、人間に神秘的な活力を与える栄養源として積極的に利用された。古代インドのサンスクリット語では牛乳は「ドウ(duh)」と呼ばれるが、その意味は「乳を搾る」である。国民的叙事詩『ラーマーヤナ』に明らかな如く、インド人は乳の海を攪拌《かくはん》することで、命の霊水(アムリタ)が生じると考えていた。牛乳はあらゆる食物の起源となる滋養物、豊饒《ほうじょう》のシンボルとして位置づけられたのである。

牛乳を煮沸した後で冷却し、それに前日につくっておいた乳製品を少量加えて発酵させるのがヨーグルトだが、インドではヨーグルトが「ダヒ」と呼ばれて愛飲された。仏教の創始者シャカ・ムニ(ガウタマ・シッダールタ)も、断食の修行により体力が衰弱した時にスジャータという少女からヨーグルトを与えられて体力を回復し、ブッダガヤの菩提樹《ぼだいじゅ》の下での坐禅《ざぜん》に入り、悟りを開いたとされる。不殺生を重んじるインドでは菜食のメニューが多いが、その料理の半分に「ダヒ」というヨーグルトが、ウシの乳からつくった「パニール」というチーズとともに使われている。牛乳は、生命と不死のシンボルとされているのである。

ギリシア・ローマ世界でも、角が月の形に類似していることからウシは神聖な動物と考えられ、牛乳は神への捧《ささ》げ物とされた。牛乳は、やはり神秘的な力をもつと信じられていたのである。エジプトのプトレマイオス朝（前三〇四―前三〇）の女王クレオパトラ（位前五一―前三〇）が牛乳風呂にはいり美しさを保ったのも、そうした意味合いからである。もっともローマ帝国で牛乳が飲用されることはほとんどなかった。ヨーロッパで牛乳の飲用が文献上確認されるのは、一七世紀になってからのことである。

インドでは、ヨーグルトを壺《つぼ》のなかでチャーニング（攪拌）した後、加熱・脱水して「ギー」というバター・オイルがつくられ、多様な料理のベースとして利用される。たとえば米をギーで炒め、カレーやカレーの具もギーで炒めるといった具合である。牛肉を食べることを忌避するインドでは、ギーに形を変えた牛乳が料理の土台になっているのである。インドでは牛乳の半分が、ギーの製造に使われているという。インド人は、ギーやヨーグルトなどの牛乳の加工品を通じて神のエネルギーが人間の身体に取り込まれると考えるのである。

中国、日本などの東アジア世界では、ウシは農耕用と考えられ、牛乳を飲む習慣はなかった。遊牧民の文化が浸透した唐代は、中国で乳製品が流行した特異な時代だった。その影響で日本でも、奈良・平安時代には朝廷が直轄の牧場を設け、諸国に税として牛や羊の乳を煮つめた「酥《そ》」、牛や馬や羊などの乳を発酵させた酸味のある飲料の「酪《らく》」、牛または羊の乳を精製した濃厚な液汁の「醍醐《だいご》」などの乳製品を納めさせた。しかし、それ以後、江戸時代の長崎の出島《でじま》を除いて牛乳が生産されることはなく、明治時代にいたっている。

カレーはスパイスをブレンドした「調味料」

インドというと、先《ま》ずカレーが頭に浮かぶのではないだろうか。確かにインドでは、「マサーラ」と呼ばれるスパイスが調味料としての中心的な位置を占めている。日本人はマサーラというスパイスを組み合わせた複合調味料をカレー料理と取り違えているが、カレーはあくまでも調味料そのものなのである。カレーはパワフルな太陽の色をしたターメリック（鬱金《うこん》）を土台にコショウ、シナモン、クローブなど三〇種類から四〇種類のスパイスが混ぜ合わせてつくられており、香辛料の集散地インドであればこそ成り立つ世界有数の調味料といえる。カレーで使われる主なスパイスには黄色い色を出すターメリックの外に、香りを出すクミンシード、シナモン、苦みを出すカルダモン、甘みを出すナツメグ、コショウがある。現在では辛みを出すのにチリ（トウガラシ）も用いられている。

インドの家庭には、それぞれ固有のカレーがある。カレーが、家庭の味を演出するのである。カレーの語源については諸説あるが、南インドのタミル語の「（料理の）具」、「スパイス入りのソース」を意味する「カリ（kari）」であるとする説が有力である。喜望峰《きぼう》を迂回《うかい》して南インドに到達したポルトガル人が、調味料の「カリ」を料理としてヨーロッパに伝えたことが、誤解を生んだ理由である。ヨーロッパでカレーという料理があるかのように考えられたのは、ポルトガル人がインド独特の料理文化を理解できなかったことによる。異文化理解は、そのようにとても難しい。結局は、自文化の文脈により異文化を理解するしかないようである。

私も、以前にスリランカのコロンボでバナナの葉の上にのせたパサパサのインディカ米と野菜の具のカレーを混ぜ合わせて手食した経験があるが、とても新鮮な印象を受けた。インドではチャパテイという平らに焼いたイーストの入らないパンやナンと一緒にカレーと混ぜ合わせた肉、魚介、野菜などの種々の食材が食べられている。

先に述べたようにカレーに黄色い色と固有の香りをつける香辛料が、ターメリックである。ショウガ科の多年草ターメリックの肥大化した根茎を乾燥させて粉末にしたのが香辛料のターメリックである。ちなみにタクアンの色付けも、ターメリックによる。

インド商人がベンガル湾、マラッカ海峡を通過して進出した東南アジアでもターメリックが盛んに栽培された。ターメリックの黄色は高貴な色として歓迎され、化粧品、染料、魔よけなどにも用いられたのである。一五世紀後半に大交易時代を迎え、タイ、マラッカなどと盛んに交易を行った琉球《りゅうきゅう》(沖縄)にも、ターメリックが伝えられた。沖縄は、日本におけるターメリックの主産地である。

西方世界にも、波状的にインドのターメリックが伝播《でんぱ》した。インド洋交易によりローマ帝国にターメリックが伝えられたのは一世紀のことで、「テラ・メェリタ　terra merita（素晴らしい大地）」と呼ばれた。それが、英語の「turmeric」の語源である。

ヨーロッパに本格的にターメリックが入るのは大航海時代以降の一六世紀で、高価な着色料サフランの代用品として用いられた。最初にインドと交易したポルトガル人は、ターメリックを「インドのサフラン」と呼び、サフランの安価な代用品として売りに出した。イタリア、スペイン、フランスなどで、ターメリックの呼び名としてサンスクリット語でサフランの原料クロッカスを意味する「kunkuma」に由来するクルクマ（curcuma）の語を用いるのは、そのためである。中国や日本ではターメリックを欝金と呼ぶが、「欝」は「よく茂る」、「金」は「黄色の植物」の意味である。

5　内陸性をベースにする中国料理

麺と多様な主食文化

中国では、西から東へ流れる五四〇〇キロの黄河《こうが》と六三〇〇キロの長江の二大河川の流域に、それぞれ個性的な農耕文明が発達した。「南稲北麦」あるいは「南粒北粉」という言葉があるように、中国の大地は乾燥した黄河流域の畑作地帯と多湿な長江流域の稲作地帯に分かれ、固有の風土を生かした二系統の農業が展開している。しかし、ムギが中国の食の世界に登場するのは漢代であり、それ以前はアワとヒエが黄河流域の主な食材だった。黄河流域は乾燥地帯であることから副食の食材が限定されており、アワ、ヒエを使った粥《かゆ》、餅のような多彩な主食文化の発達をみた。

漢代になると西方のコムギ、コムギを粉に挽《ひ》くための石臼《いしうす》がシルクロードを通って伝えられ、ムギの粉食がアワやヒエに代わった。中国ではそれまでの黄河流域の伝統的な食の様式を生かして、ムギの粉を使った「麺《めん》」と総称される固有の主穀文化が育っていく。コムギは、先行するアワ、ヒエの豊富な主穀文化の相続人となったのである。こうした来歴もあって中国の食文化の特色は多様な主穀文化であり、日本の食文化も充分過ぎるほど、その恩恵を受けている。日本人になじみ深い「麺」はもともとは小麦粉の意味だったが、やがてムギを材料とする細長い食べ物全体を意味するようになった。初めの頃の麺はダンゴ状に捏《こ》ねて茹《ゆ》でるスイトン、ワンタンの皮のようなものだったが、三世紀頃までには細長いものが食べられるように変化した。

ちなみに本家本元の中国の華北《かほく》では、コムギの二割がピン（餅）類、四割がウドン（麺）類、四割がマントウ（饅頭）類として食べられていると、中尾佐助氏は推測している（『料理の起源』）。マントウとは、コムギの粉を水で捏ねて一晩おき、翌日コブシ大にちぎり、蒸してつくる一種のパン（発酵蒸しパン）である。インド、西アジア、ヨーロッパではパンが普及したが、東アジアでは独特の形状をしたウドン・ソバなどの麺類が普及したのである。

麺のつくり方には、

一．小麦粉の粘性を利用し粉を捏ねてから手で引っ張って長くする（ソーメン、ラーメン）

二．粉を捏ねて平たく延ばしてから切る（ソバ、ウドン）

三．押して圧縮する（冷麺）

などがある。ちなみに、モンゴル帝国の時代にイタリア商人がヨーロッパにもたらしたとされるスパゲッティ、マカロニなどのパスタ類は、穴から押し出し圧縮する方法でつくる。麺も、材料や食文化との組み合わせで多様な形をとるのである。

芸術的といえるまで細く延ばした「三輪《みわ》そうめん」で有名なソーメン（索麺《そうめん》、後に素麺《そうめん》）は、小麦粉と米粉と塩を捏ねて縄のようにし、二本をねじり合わせてつくる唐の索餅《さくへい》に起源がある。奈良時代に伝えられた索餅は「ムギナワ」と呼ばれ、現在のソーメンとは似ても似つかない太い麺だったらしい。しかし、麺は本家の中国で次第に細くなり、元代になると、小麦粉に塩と水と油を加えて練った生地を箸《はし》の太さに延ばして油紙をかけて寝かせ、粘りが出た頃を見計らって、二本の細い棒にからませ、長く細く引っ張ってから乾かす製法が開発された。その新しい麺の製法を鎌倉時代に禅僧が日本に伝え、ソーメンになったというのである。

伝承料理研究家の奥村彪氏によると、ソーメンは、小麦粉を塩水で捏ねて油を塗り、板の上でもみこんだ後油紙で覆って一定期間寝かせ、それを紐状にして細い棒で何回も引っ張って延ばし、細くしてつくられたという。油がメンの乾燥を防いだことで、何回も引っ張って延ばすのが可能になったのである。ソーメンは乾燥させた細いウドンだが、長期保存が可能なことから貴重な保存食になった。

多彩な醬《ジャン》の展開

中国では豆、穀類、魚介類などを発酵させてつくる調味料を「醬《ジャン》」と総称する。「醬」の文字を共有するが、日本の醬油《しょうゆ》とは違っている。醬《ジャン》はむしろ味噌《みそ》に近く、独特の味、香味をもつ多種多様の素材の組み合わせがあった。じつに多様な調味料だったのである。インドのカレーと同じ発想である。醬は色々な調味料のなかで中心的な地位を占めたことから、部首に「将」がつけられた。

中国では、今から約三〇〇〇年前の周代にアワの麹《こうじ》を使った肉の醬がすでにつくられている。肉の塩辛のようなものである。皿に盛ってそのまま食べたり、料理に合わせて調味料として使われたという。『周礼』によると、王の食事に用いられる醬の種類は一二〇種類に及んだとされる。醬文化は発達し、前四〇〇年頃の戦国時代にはダイズやコムギなどを原料とする穀醤が登場する。醤《ジャン》の主なものは、ダイズからつくる黄醤《ホワンジャン》、蒸しダイズを塩漬けにして発酵させるトウチージャン、コムギからつくる甜麺醤《ティエンメンジャン》、白ゴマを原料とするジーマージャン、四川料理で使うピリ辛のトウバンジャンなどである。

ダイズ（黄豆）を麹を使って発酵させ、味噌に近い黄醤《ファンジャン》をつくる技術は、前漢の時期に急速にひろがった。前漢の武帝の下で『史記』を書いた司馬遷《しばせん》（前一四五？―前八六？）は「貨殖列伝」で、大きな都市では酒と味噌の消費量が大きく、それらを扱う商人は大富豪であると記している。後漢初頭になると、文献に「豆醤」という名で味噌が登場してくる。

日本に味噌が伝えられたのは、飛鳥《あすか》時代だった。大宝律令（七〇一）の大膳職《だいぜんしき》に「未《み》醤《しょう》」という大豆の発酵食品があり、それが「未曾」を経て「味噌」になったとするのが通説である。また、奈良時代に唐僧の鑑真《がんじん》が味噌をもたらしたとする異説もある。

朝鮮半島では、「醤《ジャン》」を「密祖《ミソ》」と呼んだので、あるいはミソの呼び名も朝鮮半島から入ってきたのかも知れない。味噌には、ダイズを煮てつくる白味噌とダイズを蒸してつくる赤味噌があり、それぞれ関西、関東で好まれている。そうしたことから唐から伝えられた味噌は、白味噌に近かったのではないかと推測される。

醤油は、味噌から派生した調味料であった。油は「液体」の意味なので、液体化した醤《ジャン》ということになる。醤油は最初、ダイズを煮て、煮汁を弱い火で煮詰め濃縮したものだったらしい。後漢末期から宋代にかけては、「醬清《ジャンチン》」・「醬汁《ジャンジイ》」などと呼ばれ味噌から滲《し》み出る汁が利用されていたが、あくまでも味噌の副産物だった。中国で「醬油」という言葉が使われるようになり、独自の調味料として扱われるようになるのは明《みん》・清代のことである。

日本でも、鎌倉後期の一二五四年に信州の禅僧、覚心《かくしん》の手で宋から径山寺《きんざんじ》味噌の製法が伝えられた。紀州湯浅《ゆあさ》で村人に味噌の製法を教える際に、味噌樽《だる》の底に溜《た》まった汁が美味《うま》いことが偶然にわかり、そこから「溜《た》まり醬油」がつくられるようになったという。醬油は室町時代に京都五山の僧侶《そうりょ》の間で発達した割烹《かっぽう》料理、茶道とともに発達した懐石料理と結びついて、日本の料理の主な調味料になった。

山崎正和氏が『室町記』で室町時代について、「奇跡的なことはこの乱世がまた偉大な趣味の時代であり、少なくとも日本文化の半ば近くを創造したという事実であろう。生け花も茶の湯も連歌も水墨画も、そして能や狂言もこの時代の産物であった。今日われわれが暮らす日本の座敷も床の間を生みだしたのも、さらに西洋人を感動させた日本の庭を完成したのも、この時代の趣味であった。そればかりか毎日の食物の面でも、日本人は醬油や砂糖をはじめ、饅頭や納豆や豆腐のような不可欠のものをこの時代に負うている」と指摘しているように、室町時代は日本の食文化が醬油により飛躍的成長を遂げた時代だったのである。

一六世紀になると明の醬油の製法が伝えられ、江戸時代に製造が本格化した。西宮、竜野、野田、銚子《ちょうし》などでつくられた醬油が各地に出廻《でまわ》ったのである。醬油の普及により、刺し身は不動のパートナーを獲得することになる。江戸時代以降、ダイズ醬油は、日本を代表する調味料となり、和食のスタイルが完成した。

日本と同様に中国の醬《ジャン》文化の影響を受けた朝鮮には、カンジャン（醬油）、テンジャン（味噌）とともにコメ、ムギにトウガラシと麴を加えて発酵させたコチュジャン（「コチュ」はトウガラシ）がある。この三者を混ぜ合わせニンニク、トウガラシ、ゴマを加えると、朝鮮料理の基本的な調味料になる。

日本の醬油（ソイ・ソース、soy sauce）は、オランダ商人によりヨーロッパに伝えられ、日本固有の調味料として紹介された。ソイ・ソースは、二〇世紀になると、世界的な調味料の座を獲得することになる。現在では、アメリカだけでも年に八万から一〇万キロリットルもの醬油が消費されているという。

勝ち残ったウーロン茶

茶の故郷は、コメと同様に雲南の山岳地帯であり、そこから東に伝えられた。茶は最初は眠気などを防ぐ覚醒《かくせい》剤、体調不良の時に服用する解毒剤として利用されたようである。中国で飲料として茶が用いられるのは、唐代以降であった。唐の徳宗《とくそう》の七八〇年に全国で茶税の徴収が始まるので、飲茶がかなりの程度普及していたのが分かる。

茶の飲み方を確立したのは、唐代後期の陸羽《りくう》（七三三—八〇四）だった。彼は『茶経』という著作のなかで、固い塊にした茶（餅茶《へいちゃ》）を砕いて茶瓶に入れ、塩、ショウガなどを加えて飲む「煎茶《せんちゃ》」の作法を説いている。唐代末期には茶の飲み方に変化が現れ、臼で挽いた抹茶を予め茶碗に入れ、茶瓶で湯を少しずつ注ぎながら茶筅《ちゃせん》で掻《か》き混ぜて飲む「点茶」が始まった。「点」とは、茶碗に茶瓶から湯を注ぐことを指している。

茶の立て方はやがて洗練化され、貴族、文人などの遊びに変わっていった。茶筅で巧みに泡を立て、絵のようにさまざまに泡の変化する様を楽しんだのである。そうして生まれてきたのが、湯の注ぎ方、茶筅での掻き混ぜ方を競う「闘茶」だった。点《た》てた茶の色、泡の色、泡が途切れて、茶湯が現れる速度などが競われたのである。

闘茶では、泡の色は純白が最高とされた。茶を蒸す時の火加減、煎じ方で、茶は青みを帯びたり、赤みを帯びたりするとされたのである。泡が途切れる時間が、遅くなればなるほど、よく点てられた茶とみなされた。勝負は、数回行い、勝ち数の多さで決まったという。この競技が盛んになると、茶器にも工夫が凝らされるようになり、釉薬《ゆうやく》をつけて焼いた黒色の焼き物が闘茶で好んで用いられた。特に建州《けんしゅう》窯の黒盞《こくさん》という焼き物がもてはやされたという。泡が消える速度が判断しやすいというのが、その理由である。

唐末に始まった闘茶は、宋代に都市民の趣味として流行し、ひろい階層に普及した。日本から宋に留学した禅僧が茶葉と一緒に茶道具、黒盞などの茶器を請来《しょうらい》し、それが日本流に洗練されて茶道となったのである。

清代になると中国の茶は、発酵させない「緑茶」、ジャスミン、ウメ、バラなどの花を加えた「花茶」、完全に発酵させた「紅茶（黒茶）」、酸化酵素を半発酵させて葉の中央が緑、周辺が発酵して赤くなる「ウーロン茶」などに分化した。清代には、それらのなかでも福建《ふっけん》、広東、台湾で生産されるウーロン茶が脂肪分をとりコレステロール値を低下させるとして好まれ、一〇〇年の間に中国を代表する茶葉に成長を遂げていった。

第四章　ユーラシアの食文化交流

I　絶えなかったユーラシアの食材移動

移住・交易で動いた食材

ユーラシアは、多数の文明が並び立つ大陸として人類史の中心に位置づけられている。そこでは多数の料理（食文化）圏が華を競い合ったが、各料理圏は互いに孤立していたのではなく、草原の道、シルクロード、海の道により互いに結びついていた。長い歳月を通じて食材、調味料、香辛料、料理法の壮大な交流が続けられたのである。

食材、料理をひろい範囲で交流させたのが、交易、移住、布教、戦争だった。なかでも日常的に繰り返された移住と交易が果たした役割は大きく、シルクロード、草原の道、海の道が食の交流の大動脈として機能し続けた。長い時間をかけて、多くの食材がネットワーク上を移動したのである。

世界史は、七世紀になると「イスラームの大征服運動」により大きく転換する。古代の地中海世界、ペルシア世界が崩壊し、新たに成立した三大陸にまたがるイスラーム世界がユーラシアを活性化させたのである。イスラーム帝国は、八世紀中頃に成立したアッバース朝（七五〇―一二五八）の時期に、ユーラシアの大部分を結ぶ大商業圏をつくりあげ、東西の食文化の交流にも大きな役割を果たした。ペルシア湾からインド、東南アジアを経て中国南部にいたる海域を結ぶ定期航路、地中海航路、サハラ砂漠縦断交易ルート、ロシアの渚河《なぎさ》川を利用してバルト海と中央アジアを結ぶバイキングの交易ルート、シルクロードなどが連動して、ユーラシア規模の大商業圏が成立したのである。大ネットワーク上を、多数の食材、料理法が移動したことはいうまでもない。特にインドの食材が、九世紀から一〇世紀にかけて西アジアからイベリア半島の広範なイスラーム世界にひろがったことが目立った。コメ、サトウキビ、ココヤシ、バナナ、タロイモ、マンゴー、ナス、ホウレンソウ、柑橘《かんきつ》類などの伝播である。

一三―一四世紀のモンゴル帝国によるユーラシアの政治的・経済的統一、陸の交易路と海の交易路の支配は、ユーラシア規模の食の交流を更に大規模におしすすめた。同時に遊牧民の食材、料理法が農耕地帯にあふれ出すことになる。

アリ・ババの呪文「ゴマ」の謎

ユーラシアの食の交流は、きわめて古い時期から続けられてきた。あまたの食材のなかでもアフリカ原産のゴマは、きわめて古い時代からユーラシアにひろまった食材だった。縄文期には、すでに日本にまで伝えられている。

西アフリカのニジェール川流域のサヴァンナ（草原）が原産地とされる「ゴマ（英語でセサミsesame、フランス語でセザムsésame)」は、多くの人々の手でアフリカ、ユーラシアの広大な地域にひろめられた。ゴマは、ユーラシアに浸透したアフリカ起源の珍しい食材なのである。油分を多く含む貴重な食材だったことに理由が求められる。

ゴマは、アフリカから西アジア、インドへと伝播した。英語sesameの語源は、メソポタミアを最初に統一したアッシリア語のサムスサム（samssamu）から派生したギリシア語のセサミ（sesame）である。テレビ番組「セサミ・ストリート」でなじみの深い、あの「セサミ」である。

古代エジプトではすでにゴマ菓子がつくられており、インダス文明でもゴマが食用とされていた。

ゴマ油は皮膚をなめらかにする性質をもつところから、香料を溶かす美容の油としても使われた。ローマのカエサルとアントニウスの両傑《りょうけつ》を手玉にとったエジプトのクレオパトラ（前六九—前三〇年）は、全身にゴマ油を塗って滑らかな肌を保ったといわれる。現在でも、シロゴマの白絞《しらしめ》油は整髪料として用いられている。

しかし、オリーブ油が幅を利かせていたギリシア、ローマではゴマは歓迎されず、素通りしてしまったようである。ローマの博物学者プリニウスは、「ゴマは、胃に有害」とまで述べている。

ゴマで連想するのが、『アラビアン・ナイト』の「アリ・ババと四〇人の盗賊」の物語である。物語はこうである。ペルシアのある町に、カシムとアリ・ババの二兄弟がいた。父親が大した遺産を残さなかったため、兄弟は自分の人生を運命にゆだねるしかなかった。二人の人生は対照的な道をたどっていく。兄カシムは金持ちの女性と結婚し、富裕な商人としての恵まれた人生を歩む。それに対して弟のアリ・ババは貧しい女性と結婚し、薪《まき》を売って辛うじて生計を立てていた。

ところが思いがけないところから、アリ・ババに運が向いてくる。森で薪をとっていたアリ・ババは偶然に四〇人の盗賊が洞窟《どうくつ》に金銀財宝を運び込むのに出会《でくわ》した。不思議なことに盗賊の隊長が唱える「開け！　ゴマ！（Open Sesame!）」の合言葉で洞窟の扉が開いたのである。盗賊が立ち去った後、アリ・ババは「ゴマ」の合言葉を利用して洞窟の扉を開け莫大な財宝を手にする。弟の秘密を知った兄のカシムはなんとかして洞窟を開けようとして、「開け！　大麦」、「開け！　えん麦」、「開け！　ソラマメ」、「開け！　豌豆《えんどう》」、「開け！　米」など、あらゆる穀類の名を呪文《じゅもん》として唱えてみるが、扉は頑として開かなかった。

ここで、なぜ呪文として「ゴマ」が選ばれたのかという疑問が生じる。この呪文には、熟したゴマのサヤが突然縦に四つに裂けて種子が地上に落ちるイメージが、洞窟の扉が開く様子とダブらされているという。世間から隠されていた富が、突然に姿を現すというイメージである。「開け！　ゴマ」は、洞窟に隠された富に対する唯一の有効な呼びかけとみなされたのである。イスラーム世界では、突然に姿を現す滋養分に富むゴマの種子に対して神秘的なイメージが抱かれていたようである。

インダス川の流域からシルクロードを経て中国に入ったゴマは、麻と似ているために胡《ご》麻《ま》（北方から伝えられた麻）・芝麻《チーマー》と呼ばれた。「胡」は、北方の遊牧世界から中国にもたらされたものを示す語である。ゴマは、神秘的なイメージを身にまとったまま中国に伝えられた、ゴマを食べれば穀物を断つことが可能であると言われたように、長寿を約束する食物として特別視された。

北宋の沈括《ちんかつ》が著した『夢渓筆談』には、ゴマは前漢の武帝が西域に派遣した張騫《ちょうけん》（？—前一一四）が中央アジアの大宛《だいえん》（フェルガーナ）からもたらしたと記されている。そうしたこともあり、中国では長い間漢代にシルクロードを経てゴマがもたらされたと信じられてきた。しかし浙江省の五〇〇〇年前の遺跡から炭化した黒ゴマが出土したことで、それ以前のきわめて古い時代にゴマが中国に伝えられていたことが明らかになっている。

大洋を渡ったヒョウタンとカンピョウ

インド洋と南シナ海を中心とし、紅海、ペルシア湾、ベンガル湾などの多数の海を結びつけたユーラシア南縁部の海の世界でも、多くの食材、香辛料の交流がみられた。特に熱帯産の香辛料は、地中海、西アジア、東アジアの大農耕社会で珍重され、遠隔地商業に携わる商人の冒険的な航海を促した。その海の世界できわめて古い時代に伝播《でんぱ》した植物が、カンピョウ（甘瓢）の原料になるウリ科のユウガオである。ユウガオの実を乾燥させると簡単に容器として利用できる特性が、ひろく歓迎されたのである。ユウガオという呼び名は、夕方から白い花を咲かせることに由来する。のり巻きの具となるカンピョウは日本の伝統食材のひとつとされるが、ユウガオの仲間であり、はるばるアジアの海を渡ってきた食材なのである。

カンピョウは、四、五キロに成熟した丸ユウガオを収穫し、果肉を紐《ひも》状に剝《む》いて竿《さお》に掛け、夏日の下で一日乾燥させてつくる。日本のカンピョウの九割は、栃木県南部で生産されている。ちなみにユウガオをカンピョウとして食材にするのは、日本と中国だけである。

カンピョウとして食用にする丸ユウガオと酒器など容器として利用されるヒョウタンは、用途は違うものの、同じ仲間である。ユウガオの実は、ヒョウタン、フクベ（瓢）、ヒサゴ（瓠）などと呼ばれ、成熟すると外皮が固くなるために酒、水などの容器の材料として重宝された。ユウガオが熟して皮が固くなったものを採取して水のなかに漬けて内部の果肉を腐らせ、種子ともどもに取り出してなかを洗浄し、乾燥させるとヒョウタンができあがるのである。そこで、ヨーロッパではユウガオを、ボトル・ゴード（bottle gourd、瓶《へい》瓜《か》）と総称している。日本では、「一箪《いったん》（竹製の食器）の食《し》、一瓢《いっぴょう》の飲」の語からヒョウタンと呼ばれるようになった。豊臣秀吉の馬印、千成瓢箪《せんなりひょうたん》は有名である。

ユウガオは、ペルーやメキシコの約一万年前の遺跡、タイの一万六〇〇〇年前の遺跡などから出土しており、その起源についてはインド説（西海岸のマラバール地方）、新大陸説など多様である。現在は西アフリカのニジェール川流域起源説が有力で、きわめて古い時代に海流に乗ってひろい地域に流れ出したと推測されている。ユウガオは、二年間水に浮かべておいても種子の発芽力が低下しないので、多分海流に乗って大西洋を渡り、「新大陸」に漂着したのであろう。

日本でも、縄文早期の福井県鳥浜《とりはま》遺跡からヒョウタンの頭部破片と四粒の種が出土しており、一万年位前から栽培されていたことが分かる。弥生《やよい》時代の奈良県唐古《からこ》遺跡からも、ユウガオ、ヒョウタンが出土している。液体の容器として利用できるヒョウタンは古代の人々にとってはとても便利な植物であり、その固有性の故にきわめて古い時期に海のルートを伝わってひろまったのであろう。北魏《ほくぎ》の時代に書かれた『斉民要術』は、「瓠《ひさご》」として、ユウガオの葉は食用、種は燭《しょく》用、果肉はカンピョウ、外皮は容器となると記している。

こうしたことから、中国ではユウガオが多面的に利用されていたことが分かる。

2　草原と砂漠を越えてやってきた食材

遊牧世界からひろまったチーズ

ドナウ川下流域、黒海北岸からカザフ草原を経てモンゴル高原にいたる東西八〇〇〇キロの大草原は、遊牧民の生活の場だった。彼らは、主にヒツジの飼育に依存し、五、六家族ずつが集団をなして、一〇キロ余り離れて草原に散居していた。その生活はきわめて簡素であり、衣・食・住の諸物資、燃料はすべて家畜に依存した。ヒツジ、ヤギ、ウマ、ラクダなどの家畜の飼育に全面的に依存する遊牧社会では、家畜の乳が最も重要な食材であり、すぐに腐ってしまう乳を長期保存することが最大の問題になった。そうした目的で最大限に利用されたのが発酵技術である。

ヒツジ、ヤギ、ウシなどの家畜の乳にレンネット（凝乳酵素）とスターター（乳酸菌）を加えてつくるチーズは遊牧民が考え出した最も代表的な食品だった。中央アジアからアーリア人が侵入したインドにかけての地域がチーズの原産地とされ、ユーラシア各地にその製法が伝播した。現在、世界諸地域では八〇〇種類以上のチーズがつくられている。

メソポタミア文明のもとを築いたシュメール人のチーズは、動物の胃の粘膜などを利用して乳を固まらせ、微生物による発酵を利用してヤギ、ヒツジ、ウシなどの乳を固めた食品だった。ちなみにチーズを製造する過程でできる、水分を取り除いていない半製品がヨーグルトである。

古代インドの聖典『リグ・ヴェーダ』(前一二〇〇―前一〇〇〇年頃)には「チーズを勧める歌」が収められており、一〇〇〇年以上にわたり西アジアの中心宗教となったゾロアスター教の創始者ゾロアスター(前七世紀)は、二〇年間チーズだけで生き延びた後、チーズの力できわめて雄弁になりゾロアスター教を開いたと言い伝えられている。古来チーズは、人間に神秘的なパワーを授ける食品と考えられてきたのである。

チーズの誕生については、色々な説がある。たとえば、アラビアの説話では、旅の途中で商人が乾燥したヒツジの胃袋でつくった水筒にヤギの乳を入れ、一日の旅を終えて水筒の乳を飲もうとした時に白い乳の塊(チーズ)と透明な水が出てきた。そこで塊を食べてみると何ともいえない風味があり、そこからチーズの製造法が思いつかれたとされている。

地中海世界でもチーズの歴史は古い。吟遊詩人ホメロス(前九世紀)の叙事詩『オデュッセイア』のなかにヒツジの乳からつくられるフェタチーズが登場することから、前九世紀頃にはすでにチーズが食べられていたと考えられている。ギリシアでは食用油としてすでにオリーブ油が用いられており、飼育されていたヤギやヒツジの乳がバターの製造に適さなかったこともあって、チーズがもっぱらつくられた。乾燥して固くなればなるほどよいチーズとみなされていたのである。チーズづくりの技術は、前一〇〇〇年頃エトルリア人により海路イタリア半島のロンバルディア地方に移植された。ローマ帝国ではチーズが大変に愛好され、紀元前後にはすでに市場で多種多様のチーズが売られていたという。気に入った女性のことを私の「チーズちゃん（カセウスちゃん）」と呼びならわすほど、ローマ人はチーズに目がなかったのである。ローマ人が使った言葉「カセウス」が、チーズの語源になっている。特にロンバルディア地方はチーズづくりが盛んであり、アオカビを使ったブルー・チーズの名品である半硬質のゴルゴンゾラ・チーズを誕生させている。一〇世紀から一一世紀には、一年から三年もの間熟成させるきわめて固いパルメザン・チーズもつくられるようになった。水分含量が四〇パーセント以下の保存がきくパルメザン・チーズは、数あるイタリア・チーズのなかでも名が知れ渡っており「イタリア・チーズの女王」と呼ばれている。

一九世紀に美食家サヴァランは、「チーズのないデザートは、片目の美女と同じだ」と書き残したが、ヨーロッパ料理を代表するチーズが食卓を飾るようになったのは意外に新しい。中世ヨーロッパのチーズの記録としては、九世紀にイタリアでゴルゴンゾラ（青カビチーズ）がつくられたというのが最初である。フランク王国のカール大帝（位七六八—八一四）も、この青カビチーズには目がなかったらしい。

中世を通じてチーズの品質改良の担い手は修道院、特にシトー修道院だった。有名なチーズが出現した時期を調べてみると、スイスのエンメンタールは一五世紀、イギリスのチェダーは一六世紀というように比較的新しい。オランダの「ゴーダ」は、一七世紀にオランダ人により日本にもたらされた。

豆腐は「チーズもどき」？

私たちにとって豆腐はごく一般的な食材だが、中国に侵入した遊牧民のチーズを模倣してつくられるようになったという説がある。食卓を飾る豆腐が、遊牧文化の浸透の産物だったというのである。

もともと東アジア世界、東南アジア世界には家畜の乳を利用する文化がなかったために、チーズは普及しなかった。しかし、魏晋《ぎしん》南北朝（二二〇—五八九）から唐（六一八—九〇七）にいたる時代は例外で、遊牧勢力の中華帝国への進出が波状的に繰り返され、遊牧民の食文化が中国社会に浸透した時代だった。この時代には、牛乳を加熱濃縮した酥《そ》、軟らかいヨーグルトのような酪《らく》、固めのヨーグルトあるいはチーズというべき乳腐、バターあるいはバター・オイルのような醍醐《だいご》、などの食材がひろまった。最上の美味を指す「醍醐味」という言葉があるように、特に醍醐はすばらしい味わいの食物とされていた。

乳腐（チーズ）も珍しい食材として一時支配層の間に普及していたが、遊牧勢力が後退すると乳製品は姿を消し、身近な大豆を使うチーズの代用品がつくられるようになる。それが豆腐だというのである。ちなみに「腐」は、中国では柔らかで弾力のある固体を指す。豆腐は、水に浸《つ》けて柔らかくした大豆をすり潰《つぶ》し、水を加えて煮た後で絞って豆乳をつくり、苦汁《にがり》（塩化マグネシウム）あるいは石膏《せっこう》（硫酸マグネシウム）を加えて凝固させる、安価で栄養価の高い食品である。豆腐は、日本人にとっても安くて栄養価の高い蛋白《たんぱく》源として珍重されてきた。豆腐が、中国から日本にもたらされたことは間違いないが、本家本元の中国でいつごろから豆腐がつくられるようになったのかについては、定説がないのである。

豆腐について記した文献は中国では比較的新しく、中国料理研究家の篠田統氏は、五代の後晋（九三六―九四六）から宋代（九六〇―一二七九）初めに官吏となった陶穀の『清異録』に出てくるのが初見であると述べている。中国では長い間、豆腐は紀元前二世紀（漢初）に漢帝国の創始者、劉邦《りゅうほう》の孫、淮南《わいなん》王の劉安《りゅうあん》が不老長寿の薬をつくろうとしているうちに、偶然豆乳を凝固させるニガリを知り、豆腐の製法を考案したとされ、日本でもその説を受けて、奈良時代に中国から豆腐の製法が伝えられたという説が一般的だった。しかし、戦後それを俗説とする見解が日中の学者により示された。漢初に豆腐がつくられたとする見方は、南宋（一一二七―一二七九）に一般化した俗説だというのである。

中国の化学史家、袁翰青は唐代以前の文献に豆腐に関する記載が全くなく、宋代に書かれた『本草衍義《えんぎ》』に臼《うす》でダイズをひいて豆腐をつくるという記述があることに着目し、唐のつぎの五代に、名もない農民により初めて豆腐がつくられたのではないかと推測した。

篠田統氏も、前漢の劉安が書いた『淮南子《えなんじ》』のなかの「肉屋の豆の汁」は、日本でいう「紺屋《こうや》の白袴《しろばかま》」の意味で豆腐に関する記述ではなく、五代の人、陶穀（九〇三—七〇）の著作『清異録』の、「日に豆腐を数個市《か》う」という記述に依拠して「漢初説」を退け、豆腐の出現は唐帝国（六一八—九〇七）中期以後と推定した。

篠田統氏は、豆腐の発明が北方遊牧民がもたらした乳腐（チーズ）の影響をうけたものであり、中国では牛・羊の乳の入手が困難だったために乳腐がつくれず、代用として茹《ゆ》でたダイズをつぶし、絞った豆乳にニガリを入れ固めて代用品の豆腐がつくられたのではないかと推測した。篠田説によって、豆腐は遊牧世界と農耕世界が統合した唐帝国の世界性と結びつけられることになった。豆腐は、異文化の接触により誕生した食品であり、東アジアの食卓で活躍する国際派俳優になったのである。モンゴル人が支配する元帝国（一二七一—一三六八）の時代になると豆腐屋が中国各地に広がり、豆腐は庶民の代表的な食べ物としての不動の座を確立した。豆腐好きの私たちにとっては、中国にチーズをつくるのに十分な牛や羊が飼われていなかったことが幸いしたのである。

シルクロード商人の保存食シャンツァイ（香菜）

シルクロードの商人たちがラクダの背に積み、解毒剤、健胃剤、ビタミン補給源として東方に伝えたのがセリ科のコリアンダー（香菜、シャンツァイ）だった。コリアンダーは、シルクロードの交易と深く結びついた食材なのである。

日本人が本場の中国料理を食べて辟易《へきえき》するのが、青臭い匂いと独特の辛みのあるシャンツァイである。日本化した中国料理に慣れていた私も、上海料理にたっぷり使われるシャンツァイに悩まされホテルに帰って「おにぎり」を食べた苦い経験がある。

シャンツァイの故郷は地中海地域であり、ザクロと同様にシルクロードを通って中国にもたらされた。シャンツァイの元々の名はコリアンダーである。コリアンダーの学名はコリアンドルムだが、それは「南京虫（Koris）」と「アニスの種子（Annon）」の二つのラテン語の合成語であり、葉と未成熟な実が発する南京虫の匂いのような悪臭、完熟した実が発するセリ科のアニス、あるいはレモンのような芳香という極端に矛盾する特性に由来する。

細い紐《ひも》状にさける辛みのある葉と完熟した実という二つが、それぞれの使い方で生かされているのが南ヨーロッパを原産地とするコリアンダーなのである。

コリアンダーは古代エジプトですでに食用にされており、歴史の古い食材である。芳香を放つ完熟した実は、肉料理やソーセージの臭み消しとして使われたのみならず、健胃、睡眠、解毒などの薬効があることが、すでに古代ギリシアで明らかにされていた。「医学の父」ヒッポクラテス（前四六〇―前三三七）は、コリアンダーを薬効をもつ食物として推奨している。またイスラーム世界やヨーロッパ中世では、催淫剤《さいいんざい》、媚薬《びやく》としても有名だった。『アラビアン・ナイト』にも、コリアンダーが媚薬として度々登場する。

大洋を航海する船乗りは壊血病に悩まされ、ビタミンCの欠乏で多くの命が犠牲にされたが、砂漠を通るシルクロードの旅でもビタミンCの補給が必要であり、欠乏は死につながった。砂漠は「海」、ラクダは「船」だったのである。シルクロードを往来する商人の役に立てられたのがコリアンダーである。商人たちは、コリアンダーの葉を塩漬けにしてビタミンの補給に利用し、実を健胃・解毒剤として用いた。また、羊などの臭みのある肉を食べる時にコリアンダーの実は、臭みを消す調味料としても使われた。シルクロードの商人たちは、コリアンダーの乾燥した実と葉の漬物をラクダの背に積む荷物のなかに加えたのである。

ラクダに積まれたコリアンダーは、シルクロードを通って中国に運ばれ、シャンツァイとして定着し浸透した。花芽がつく前の若い葉が調味料として利用されたのである。中国料理に彩りを添え、肉や魚の臭みを消したのである。遊牧世界の膨張で中国に遊牧文化が浸透し、羊肉の料理が流行したことも、羊肉の臭みを消すシャンツァイの普及を促した。元代には、支配民族モンゴル人の食文化が大流行し、豚肉料理よりも羊肉料理の方が中国社会で持て囃《はや》されたという。中国の人々は、慣れない羊の肉の臭みを消すためにシャンツァイを用いたが、羊肉の流行が後退した後にシャンツァイは残ったのである。ちなみにシャンツァイは、羊の肉ときわめて相性がよい。現在でも、中国のシュワンヤンロウという羊肉料理のタレには、細かく刻んだシャンツァイが加えられている。しかし、匂いが強烈なシャンツァイは、淡い味を好む日本には馴染《なじ》めなかったようで、日本に普及することはなかった。

ハンバーグはモンゴル帝国の遺産？

モンゴル帝国では、遠征に赴く兵は一人が六、七頭のウマを率いて毎日乗り替えながら日に七〇キロ位進撃し、必要があればウマを殺して食糧にした。武器がそのまま軍糧になるのだから、大変に便利だった。彼らは生の馬肉に野草を加えて鞍《くら》の下に置き、柔らかくなった肉をスタミナ源として食べたという。ウマに乗っている間に、鞍の下の肉がウマの汗と混じり、温められ、押し潰されて食べ頃になったのである。そうした生肉のステーキが、いわゆる「タルタル・ステーキ」である。

ヨーロッパでモンゴル人は、タタール人と呼び習わされていた。キリスト教世界を脅かす強力な敵を、ヨーロッパ人はギリシア神話で「地獄」を示すタルタロスのイメージを加えて、タルタルと呼んだのである。馬肉は、高タンパク、低脂肪であり、ビタミン類にも富んでおり、寄生虫がいないので生肉のまま食べることができた。しかし、ユダヤ教の聖典『旧約聖書』で馬肉の摂取が禁止されていた関係から、キリスト教世界、イスラーム世界では、馬肉がほとんど食べられなかった。そのために、モンゴル人の馬肉を生で食べる風習が奇異の目で見られたのである。

一四世紀にモンゴル帝国の勢力がユーラシアにひろまると、遊牧民の肉料理、生肉料理も農耕社会に進出した。たとえばモンゴル人治下の中国では、豚肉文化の伝統を抑えて羊肉料理の大流行をみている。

「タタールの軛《くびき》」と呼ばれるように、一三世紀から一五世紀にかけて約二〇〇年間のモンゴル人による支配を受けたロシアでも、生肉を使ったタルタル・ステーキが普及した。熟成したウマの生肉をタタキにし、野菜、ハーブ、香辛料、オリーブ、春タマネギ、卵、調味料を混ぜ、黒パンに載せたタルタル・ステーキは洗練され、モンゴル人が草原で好んで食べた生肉とは全く姿を変えることになる。ちなみにタルタル・ステーキは、現在もハンガリーやドイツで食べられている。

ロシアのタルタル・ステーキは、ドイツ北部最大の港町ハンブルクに伝えられると、鉄板の上で焼くハンバーグ・ステーキに変身する。生肉を食べる習慣がなく、ソーセージづくりの長い伝統をもつハンブルクではタルタル・ステーキに焼きあげるという独自のスタイルを付与した。ドイツの食文化の文脈に組み込まれることで、タルタル・ステーキは大変身を遂げたのである。やがて焼きあげるタルタル・ステーキは、一八五〇年代にドイツ系移民の手で新興国アメリカに移植された。しかし、ドイツにはハンバーグ・ステーキという料理名はないので、移民が北ドイツの大都市の名前をとってそのように名づけたと考えられている。

ハンバーグを主な具とするサンドイッチが、ハンバーガー（バーガー）である。ハンバーグに、バター、チーズ、タマネギ、レタス、マスタード、トマト・ケチャップを組み合わせてパンに挟んだ簡単な食べ物は、一九〇四年のセントルイス万国博覧会で、客を三〇秒以上待たせない簡便な食品として販売された。ハンバーガーはやがてアメリカを代表する食品となり、第二次世界大戦後に高速道路網がひろがると運転しながら食べられる便利な食品として全米にひろがった。日本の銀座にマクドナルドの支店ができた一九七一年頃から、コカコーラと組んだマクドナルドはグローバリゼーションの進展を利用して世界各国に支店網を展開し、ハンバーガーは世界商品に変身した。つまりモンゴル帝国を築きあげたウマの生肉は、ハンバーガーとして世界の食文化を再度制覇したのである。

モンゴル帝国の支配を受けた朝鮮半島にも、モンゴルの生肉料理が波及した。仏教を信奉していた朝鮮の人々は肉を食べなかったが、モンゴル支配の時代に肉の美味《うま》さに目覚めてしまい、食文化の重要な一部分に焼き肉を組み込み、モンゴルのタルタル・ステーキも受け入れたのである。

モンゴルのタルタル・ステーキに起源をもつ生肉料理は朝鮮半島で独特の展開を見せ、

牛肉を使うユッケとなった。ユッケは、韓国語の「ユック（肉）」と「フェ（刺し身）」が複合された呼び名である。韓国では馬肉を用いる習慣がなかったために、馬肉が牛肉に代えられたのである。牛の赤身肉を細切りにし、調味料、ニンニク、ゴマを加え、リンゴ、ナシと各種の野菜を添え、卵黄を載せてしあげるのがユッケである。ユッケほど有名ではないが、英国料理には牛肉を使ったタルタル・ステーキもある。

嵐のように世界史上を通り過ぎていったモンゴル帝国だが、食文化の面からみても大きな痕跡《こんせき》を人類社会に残しているのである。

3　万里の波濤を越えて

船乗りを救ったレモンとライム

レモンというと「レモン・ティー」が連想され、ヨーロッパの果物としてのイメージが強い。明治初期にアメリカからレモンが伝えられたために、日本ではアメリカがレモンの原産地と勘違いされたりする。しかし、ミカン科のレモンの原産地はインド北西部とされており、ビルマ北部、ヒマラヤ東部山麓《さんろく》を原産地とみなす説もある。レモンは、アジアの果物なのである。

レモンは、イスラーム商人がユーラシア規模の大交易網を発達させた一〇世紀頃にイラクに入り、次いでパレスチナ、エジプトへと伝えられた。十字軍の遠征がなされた一一世紀から一二世紀になると、地中海沿岸各地を経てスペインにまで伝えられることになる。レモンは、十字軍の遠征との結びつきが強い果物なのである。

かつて地中海の商人がインド交易を活性化させた紀元前三世紀から前二世紀に、インドから地中海にミカン科に属するシトロン（citron）が伝えられ、ギリシア、イタリア半島、コルシカ島などで栽培された。レモンはそれに次ぐ柑橘《かんきつ》類伝播《でんぱ》の第二波だったのである。

レモンは最初、薬として栽培されたが、地中海貿易が大西洋貿易とリンクした一五世紀にはシチリア島とコルシカ島で大量に生産されるようになり、イタリア諸都市やイベリア半島での需要が増加した。一個でビタミンCを五〇ミリグラム含むレモンは、海に乗り出す船乗りにとり、壊血病予防の果物として珍重されたのである。

一四九二年に大西洋を横断し、カリブ海のエスパニョーラ島が「ジパング」に違いないという思い違いをしたコロンブスが行った大規模な第二次の航海（一四九三年）の際に、レモンはエスパニョーラ島にも伝えられた。やがてスペイン人の居住地がカリブ海一帯にひろがるとヨーロッパとの交易中継地フロリダ半島がレモンの大生産地になり、各地にレモンを供給する。しかし一八九四年の冷害でフロリダのレモンが滅亡すると、太平洋岸のカリフォルニアにレモンの生産地が移り、世界最大の生産地になった。いわゆるカリフォルニア・レモンである。

他方、喜望峰を迂回《うかい》してインドにいたる航路を開発したポルトガルでもレモン栽培が行われ、リスボン・レモンという有名な品種が生み出された。一八世紀になると、イギリス海軍軍医リンドがレモン果汁が壊血病の予防、治療に有効なことを実証し、レモンと海との結びつきが決定的になった。レモンは、オーシャンの航海と深い関わりをもつ果物だったのである。

レモンと同じくインドあるいはインドシナ半島を原産地とする柑橘類に、アルコール飲料を割るのに用いられているライム（lime）がある。ライムは、形はレモンと似ているが皮が薄いところに特色がある。香味、酸味が強くビタミンCが多いライムも、大航海時代にスペイン人により、メキシコや西インド諸島に伝えられた。南太平洋で活発な探検活動を展開したジェイムズ・クック（一七二八―七九）の船もライムを大量に積み込んだことが幸いし、三年間の長い航海にもかかわらず、壊血病で死亡した船乗りはたった一人に過ぎなかったとされる。その結果一八世紀末以降、壊血病を予防する果物としてライムもひろく使われるようになったのである。

「濡れ手に粟」のスパイス貿易

世界に数百種類あるスパイスのなかで、コショウ、シナモン、クローブ（丁子《ちょうじ》、丁番）、ナツメグ（肉豆蔲《にくずく》）は「四大香辛料」と呼ばれる世界を代表する香辛料である。それらは、希少性の故にステータスを示す香辛料として王侯貴族に珍重され、中世ヨーロッパでは銀と同様の価値をもつとされた。たとえば中世のヨーロッパでは、一握りのコショウが一頭の牛と交換されるほどだったのである。

香辛料のなかでも、モルッカ諸島とバンダ諸島に産地が限定されるクローブとナツメグは、きわめて高価な香料だった。クローブとナツメグは、熱帯の排水のよい海岸線から遠くない傾斜地に栽培地が限定されたからである。モルッカ諸島が香料諸島（Spice Islands）と呼ばれるのは、クローブ、ナツメグの二大香料の生産を長い間独占してきたことによる。

ローマ帝国ではすでにクローブの存在が知られており、中国では臣下が皇帝に謁見する時には必ずチョウジ（クローブ）を口に含んだといわれる。ちなみに日本の奈良の正倉院には、中国から渡来したチョウジのサンプルが保存されている。

ナツメグは世界に知られたのが遅い香料だった。ベトナムを経て唐帝国でナツメグが知られるようになるのは八世紀初めであり、イスラーム商人がナツメグを香辛料として売買し始めるのは一〇世紀頃、ヨーロッパの記録に現れるのは一一九五年のことである。イスラーム商人は八世紀頃からスマトラやマレーでクローブ、ナツメグを入手し、ヨーロッパにスパイスとして紹介し多くの利益をあげた。

高さ約一〇メートルにも成長する常緑樹ニクズクの種子の香気のある仁を健胃剤、香味料、矯臭《きょうしゅう》薬として古くから用いたのがナツメグである。高さ数メートルの常緑樹、丁字の蕾《つぼみ》を乾燥させたのがクローブで、遠く離れていても芳香が漂うために「百里香」ともいわれ古来、生薬、香辛料として用いられた。英語のcloveはラテン語のclavusに由来するフランス語のclou（「釘」の意味）から転化した語であり、「丁子」の呼び名は蕾の形が褐色の釘に似ていることによる。ヨーロッパでは、二つの香料は香味料としてのみならず医薬品としても高い評価を得ていたのである。

ナツメグとクローブは、食糧や衣料を自給できないモルッカ諸島、バンダ諸島に産地が限定されていたためにイスラーム世界でも、ヨーロッパでも、中国でもきわめて高価だったが、情報の乏しい現地の住民はきわめて安い値段で穀物、綿布などと交換した。遠隔地貿易に従事する商人にしてみれば、「濡《ぬ》れ手で粟《あわ》」の莫大な儲けがあげられるオイシイ商品だったのである。そのために、ジャワ商人、インド商人、イスラーム商人などが利権の拡大を競い合った。

大航海時代以後になると、ポルトガル人、次いでオランダ人がモルッカ諸島、バンダ諸島を押さえて巨利をあげた。一五〇五年当時、クローブとナツメグはそれぞれ年産一三〇〇トン程度で、半分がインド、中国に、半分がヨーロッパに運ばれたとされる。リスボンでは、クローブは約八・七倍、ナツメグは七・五倍の値段で販売できた。クローブとナツメグが商人たちに多くの利益をもたらしたことが理解できる。

大量のブタと「大航海時代」

スパイスの代表格のコショウは肉食が大きな比重を占める中世ヨーロッパでは貨幣の代用となるほどの貴重品で、小作料の支払い、結婚の際の持参金などとしても用いられた。中間マージンのかからない安価なコショウ獲得の欲求が「大航海時代」という新しい時代を拓いたことは、よく知られている。

英語でコショウを意味するpepperの語源はサンスクリット語の「ピッパリー」であり、コショウが古い時代からインドでスパイスとして用いられていたことが分かる。インド西岸マラバール地方がインド洋交易圏の中心地として各地の商人を集めたのは、南西インドがコショウの原産地、主産地だったためである。コショウが大量に存在するからこそ、ペルシア商人、イスラーム商人、中国商人、ヨーロッパ商人がマラバール地方に引き付けられたのである。二万七〇〇〇人余の大艦隊を率いる明帝国の鄭和《ていわ》（一四〇五―一四三三に七回インド洋を航海）が目的港の一つとし、ポルトガルのヴァスコ・ダ・ガマが目ざしたカリカットは、マラバール地方を代表するコショウ積出し港だったのである。

コショウには、黒コショウ（black pepper）と白コショウ（white pepper）の二種がある。

黒コショウは、未成熟な緑色のコショウを摘み取り発酵させたもので、辛み香味が強く、白コショウは、完全に熟した実の果実を取り除いて外皮を乾燥させたもので、まろやかな風味がある。両者の違いは、製法の違いである。ちなみにアメリカでは黒コショウが好まれ、フランスでは白コショウが好まれている。

一世紀にエジプトの航海士ヒッパロスが、季節により定期的に風向きが変わるインド洋のモンスーン（「ヒッパロスの風」）を発見して以降、紅海を経由して地中海とインド西岸を結ぶ海上交易が定期化した。ローマ帝国の時代が、ヨーロッパにコショウが大量に運ばれた第一期になる。地中海世界では、多くの地域の商人の手を経ることでもたらされたコショウは貴重品であり、ギリシアの「医学の父」ヒッポクラテスは、婦人病に効能がある医薬品としてコショウの名をあげている。ローマ帝国では、コショウは貨幣と同等の扱いを受ける貴重品となった。食い道楽のローマ人はインドのスパイス（特にコショウ）の虜《とりこ》になってしまい、大枚をはたいて膨大な量のスパイスを買い付けた。プリニウスは『博物誌』で、毎年金貨で五〇〇〇万枚以上がスパイスなどの購入代金としてインドに流れたことを嘆いている。

ヨーロッパは長い間、うっそうとした暗い森に覆われていた。古代ローマの人々がガリア（現在のフランス）の住民を「森の民」と呼んだのは、そのためである。森の民のケルト人やゲルマン人にとって、森は神々が住む壮麗な神殿であり、カシワの巨木に、主神オーディンをはじめとする神々が宿っていると考えていた。

一一世紀から一三世紀にかけてヨーロッパの気候は、それまでの寒冷期から比較的温暖な時期に入った。そうしたなかで、生産技術の進歩が農業の発展に拍車をかける。馬の胸に十文字に帯をかけて鋤《すき》を引かせる技術が東方から伝わって馬の牽引《けんいん》力が一挙に五倍になり、均等に土を鋤《す》き、一定間隔の溝をつくるための車輪を備えた鋤（重量有輪鋤、ゲルマン鋤）の利用で農作業の能率が著しくあがった。土地の耕作法も三年に一度農地を休ませる方法（三圃《さんぽ》制）に変わり、九世紀にはまいた種の二倍程度の収穫だったものが、一二世紀頃には五倍から六倍に増加した。また、製粉のための水車小屋も一一世紀に、急速に普及する。一〇八六年には、イギリスだけで五〇〇〇以上の水車が用いられていたとされる。

森と共存してきたヨーロッパの人々にとり、木材、果実、蜂蜜《はちみつ》などを提供してくれる森は生活に欠かせない食糧庫だったが、森のカシの実（ドングリ）を食べさせて肥育したブタも貴重なタンパク源だった。当時の豚は野生のイノシシと大差なかったが、ドングリを食べた後の一一月から一二月にかけて一斉に処理され、塩漬け肉、ハム、ソーセージなどに加工されて冬の貴重なタンパク源とされた。こうした肉の加工と調理のための香辛料としてローマ帝国の時期から持て囃《はや》されてきたのがコショウである。コショウは、粉にすると風味が失われやすくなるために粒で取引され、使用する度ごとに挽いて使われた。食欲を刺激する辛み・香りの外に、コショウは食肉の保存、健胃、食欲増進の効果があり、特に催淫《さいいん》作用に優れているとして珍重された。コショウは富裕層のステータスを示す食材として多くの人が憧《あこが》れたため、需要はいくらでも掘り起こせたのである。

しかし、ヨーロッパで生産できない熱帯産のコショウは、インド西岸、東南アジア島嶼《とうしょ》部などでつくられ、イスラーム商人に高い中間マージンを取られたために、ヨーロッパでは貴重品になった。コショウは、臣下が主君に収める貢納、身代金、罰金、結婚の際の持参金など、貨幣の代用とされたのである。ルネサンスのパトロンとして有名なフィレンツェの富商メディチ家の紋章は、コショウの粒をかたどったものである。丸薬であるとする説もあるが、コショウが薬剤として用いられたことを考えれば矛盾はしない。

ヨーロッパでは、中世を通じてコショウなどの東方貿易を独占していたのが、イスラーム商人とヴェネツィアなどのイタリア商人だった。ところが、一六世紀初頭になるとオスマン帝国がエジプトのカイロ、アレクサンドリアを占領し、ヴェネツィアに積み出される商品に対する税額を大幅に引き上げた。そのためにコショウ価格が一挙に吊り上げられ、一時はかつての八倍の値段になった。そこで、直接インドにいたり、コショウを購入するための航路の開発が求められたのである。それが、コショウの大量輸送の第二波を呼び起こしていく。

アフリカ最南端の喜望峰を経由する新しい航路の開発を可能にしたのが、エンリケ航海王子（一三九四―一四六〇）により続けられたアフリカ西岸の探検事業だった。エンリケ航海王子の死後も探検事業は継続され、一四八八年にバルトロメウ・ディアス（一四五〇頃―一五〇〇）が喜望峰に到達したことで、アフリカ最南端の迂回《うかい》が可能になった。一四九七年、リスボンを出港したヴァスコ・ダ・ガマ（一四六九頃―一五二四）の四隻一七〇人からなる艦隊は、困難な航海の末にやっとのことで、翌年にコショウの積み出し港カリカットに到達する。その結果、インドにいたる新航路が開かれたのである。

ヴァスコ・ダ・ガマの艦隊は足掛け三年の航海で一〇〇人の犠牲者を出したにもかかわらず、カリカットから運んできたコショウは中間マージンが加算されていないために航海費用の六〇倍もの利益をポルトガル王室にもたらした。貿易の高い収益性が、アフリカの南端を越えてはるばるアジアにいたる遠大な航路を定着させたのである。もっともコショウ貿易を国営化したポルトガル王は、コショウを大衆化することは望まず、一年間に数隻の船しかインドに派遣しなかった。薄利多売は求めなかったのである。

第五章

「大航海時代」で変わる地球の生態系

I　コロンブスの交換

史上最大の食の交流

ポルトガルのエンリケ航海王子のアフリカ西岸探検に端を発する大航海時代には、広大なオーシャン（大洋）の風系が発見され、地球の表面の七割を占めるオーシャンが歴史をリードする時代が拓かれた。世界は、「陸の帝国」の時代から新しい「海の帝国」の時代に向けて緩やかに転換していく。人類にとってのオーシャンの存在意義は、多くの航路を拓くことでひろい地域を相互に結びつけ、食材の大交流、膨大な量の食材、香辛料、嗜好《しこう》品の輸送を可能にしたことにあった。

大西洋に航路が拓かれ、「新大陸」のアステカ帝国（一五世紀―一五二一）、インカ帝国（一二〇〇頃―一五三三）がスペインに軍事征服されたことで、「新大陸」はヨーロッパ人の支配下に入った。その後ヨーロッパ人の主導下に、「新大陸」と「旧大陸」の間の世界史上に例をみない大規模な食の交流が短期間に進む。食の世界地図が大きく塗り替えられたのである。

ヨーロッパ人によりなされた「新大陸」の植物と動物の大規模な移植は、新たな栽培と飼育を「旧大陸」にひろめ、生態系を地球規模で組み替えた。トウモロコシなどの生産力の高い穀物と「新大陸」の食材の普及は、「旧大陸」の食文化に大きな変動をもたらしたのである。食卓の上に並ぶ食材が変わり、料理も大きく姿を変えていく。

「新大陸」起源の栽培植物のトウモロコシ、ジャガイモ、サツマイモ、キャッサバ、カボチャ、トマト、インゲンマメ、ピーナッツ、ライマメ、トウガラシ、ピーマン、カカオ（チョコレート）、パイナップル、パパイヤ、アボカド、パプリカ、バニラ、ヒマワリ（ヒマシ油の原料）、更には七面鳥などがヨーロッパ、アジア、アフリカに浸透し、各地の生態系、食文化を大きく変貌《へんぼう》させたのである。たとえば、タピオカの原料としてアフリカの主要食材になっているキャッサバはポルトガル人の手でブラジルからコンゴに移植されて、アフリカを代表する作物となっている。

「新大陸」に移植されたヨーロッパ

ヨーロッパ人の移住、開発による「新大陸」の生態系の変貌ぶりは、「旧大陸」とは比べものにならないほど大きかった。ヨーロッパ人は、全く「新大陸」をつくり変えてしまったのである。ムギ、コメ、野菜、オリーブ、コーヒー、ウシ、ヒツジなど、それまでなかった食材が大量に「新大陸」に持ち込まれ、長い時間をかけてアメリカ合衆国の大平原、アルゼンチンのパンパ（大草原）などはヨーロッパ人のための巨大な食糧庫に姿を変えていく。ヨーロッパ人の入植が進むにつれて、「旧大陸」から持ち込まれた動・植物が土着の動・植物を圧倒し、生態系が激変したのである。アメリカ、アルゼンチン、オーストラリアなどはいまや世界的な農業国になり、大量の穀物や食肉を世界中に供給している。「新大陸」を食糧庫に変えることにより、ヨーロッパは一挙にのしあがったのである。

そのように考えると、「大航海時代」は食材、料理法の地球規模の交流の起点となり、「新・旧両大陸」の食文化に未曾有《みぞう》の変化を起こした。ヨーロッパはジャガイモなど「新大陸」から移植された作物に助けられただけでなく、「新大陸」を大食糧庫に変えることで二重の恩恵を受けたのである。生態系の変動を伴う壮大な植物、動物の交流現象を、生態学的な歴史学者のアルフレッド・クロスビーは一九七二年に著した著作で、「コロンブスの交換（コロンビアン・エクスチェンジ）」と呼んだ。新大陸への航路を開拓したコロンブスは全く予期していなかったのだが、「新・旧両大陸」の植物、動物の相互持ち込みは、地球の表面を画期的に変容させた。特に「新大陸」の変わり方は劇的であった。それが、「大航海時代」以降になされた「コロンブスの交換」を、食の第二次革命と見なす理由になる。

「大航海時代」以降、ヨーロッパ人はアメリカ・アフリカ大陸との間の大規模な商品流通を管理下におき、自らの手工業製品を高い価格で売り付ける一方で、きわめて安い価格でアメリカ大陸でつくられた食材、調味料、嗜好品を購入した。また、多くのヨーロッパ人がアメリカ・アフリカ大陸に移住し、多様な食材を商品として生産するプランテーションの経営に従事した。「新大陸」は、まさにヨーロッパ人により「第二のヨーロッパ」につくり変えられたのである。そうしたなかで、大西洋を取り巻く地域（環大西洋世界）のモノの取引が大規模化し、資本主義経済が成長する。きわめて高価だった砂糖が生産量の激増で、大衆商品に姿を変えたのは、その顕著な例である。

2　「旧大陸」を救った食材たち

トウモロコシはトルコから？

コロンブスが一四九二年に「新大陸」からスペインにもたらしたトウモロコシは、旧来の穀物の代用品の役割を担う「貧者の小麦」として貧しい人々を救いながら、一六世紀にスペインから比較的暖かい地中海沿岸の北イタリア、南フランスに伝えられ、更にバルカン半島、トルコ、北アフリカへとひろまった。一六世紀中頃になると、北のドイツ、イギリスにも伝播する。著しく多産なトウモロコシはアルプス以北に伝播したジャガイモとともに、パンと食肉・乳製品からなるヨーロッパの伝統的な食文化を大きく革新した。栽培法が簡単で収穫量が抜きん出て高いトウモロコシは、飢えに悩む多くの人々の生命を救うことになるのである。トウモロコシの呼び名の変化は、どのようなルートでトウモロコシがヨーロッパにひろまったかを物語っていて興味深い。トウモロコシの呼び名は、南フランスでは「スペイン小麦」、トルコでは「キリスト教徒の小麦」、イタリア、ドイツ、オランダでは「トルコ小麦」である。

ちなみに、「大航海時代」当時のヨーロッパでは、東方、或いはイスラーム世界からもたらされたモノに、三大陸にまたがる巨大なオスマン帝国（一三世紀末―一九二二）にちなんで「トルコ」の名を冠するのが一般的だった。大黄《だいおう》を「トルコ・ハーブ」、カボチャを「トルコのキュウリ（Turkish cucumber）」と呼ぶがごとくである。日本で外国からもたらされた「モノ」に漠然と中国を意味する「唐（トウ、カラ）」を付すのとよく似ている。日本人のトウモロコシという呼び名も、「唐（とう）」のモロコシの意味であるから、「トルコ小麦」の呼び名と同列である。

英語ではトウモロコシをメイズ（maize）と呼ぶが、それはインディオの呼び名である「マヒス」に由来する。アメリカ、カナダ、オーストラリアでは「コーン（corn）」という穀物一般の呼び名が使われるが、それは開拓民がインディアンにトウモロコシを教わり、飢えから逃れるための最も一般的な穀物としたことによる。

トウモロコシは、ポルトガル人の手で喜望峰を越えアジアに持ち込まれた。中国には明代（一三六八―一六四四）に伝えられ、一八世紀に中国の南方地域で普及している。ポルトガル人は「ミロ（milho）」として日本にトウモロコシを紹介したが、その呼び名ではイメージがわかず、元から日本にある「キビ」に準《なぞら》えて南蛮キビ、唐キビ、「モロコシ」に準えてトウモロコシと呼び習わされた。ユーラシアの東の外れ、長崎にポルトガル人の手でトウモロコシがもたらされたのは一五七九（天正七）年のことである。トウモロコシは、コロンブスの航海以来約一〇〇年の時間をかけて世界を一周したことになる。

世界にひろまったジャガイモ

ジャガイモはアンデス高地で前三〇〇〇年から栽培され始め、インカ帝国（一二〇〇頃―一五三三）では重要な食糧になった。ジャガイモは、低温でも育ち短期間に多くの収穫をもたらしたことから、トウモロコシと並ぶインカ社会の主要な食糧だったのである。

ジャガイモは、地下茎の先端の肥大化した部分が食用にされ、その種類は約一六〇種にもおよぶとされる。インカ帝国では、ジャガイモの植え付けは一〇月から一一月にかけてなされた。ジャガイモの収穫には十分な降雨が必要であり、雨が降らない年は深刻な飢饉《ききん》の年となったことからジャガイモの成長期に雨が降らない時には大規模な雨乞《あまご》いがなされ、それでも雨が降らないと子供達が生《い》け贄《にえ》にされた。

スペイン人がインカ帝国を征服した約一〇年後の一五四五年、ペルーのポトシで世界最大の銀山が発見され、膨大な量の銀が掘り出された。スペイン人は、インカ帝国がインディオに課していた強制労働（ミタ）を悪用し、インディオの無償労働で掘り出した安価な銀を大量にヨーロッパに運んだが、その時に鉱山で働かされたインディオの露命をつないだのが「チューニョ」と呼ばれるジャガイモのデンプンを乾燥させた保存食だった。一六世紀末になると「新大陸」からヨーロッパに予想だにされなかった量の安い銀が滔々《とうとう》と流れこみ、「価格革命」という大変動が起こるが、それを支えたのが安価なジャガイモの粉だったのである。

スペイン人は、ジャガイモを最初地下で育つトリュフというキノコの一種ではないかと考えた。ヨーロッパには地下茎をつくる作物がなく、ジャガイモのような食材を理解できなかったのである。しかし、貯蔵が利きビタミンCが豊富なジャガイモは壊血病を防ぐ食物として大航海時代の船乗りに歓迎され、船乗りの手でヨーロッパ各地に普及された。

地下茎を食用とするジャガイモは風や霜に強く、三カ月という短期間で収穫できたため寒冷地での栽培に最適で、ヨーロッパでは野菜が得られない冬季のビタミン供給源としてひろく珍重された。一五七六年にスペインに伝入したジャガイモは、一八世紀中にはヨーロッパ各地に普及した。たとえば、イギリスには私掠《しりゃく》船の船長フランシス・ドレーク（一五四〇—九六）が南米のキトーから持ち帰ったという説と並んで、スペインの無敵船隊がアイルランドの西海岸で座礁した際に、アイルランドを経てイギリスに伝えられたという説がある。

特にジャガイモが大規模に生産されたのは、寒冷で土地が痩《や》せたドイツだった。飢饉に悩まされていたプロイセン王フリードリヒ・ヴィルヘルム（位一六四〇―八八）はジャガイモ栽培を強制し、従わない農民の鼻と耳を切断すると脅してまでも普及を図った。その後、啓蒙《けいもう》専制君主として知られるフリードリヒ二世（位一七四〇―八六）が、ジャガイモ栽培を更に推し進める。王が即位した時期は、前世紀以来のドイツ農村の荒廃が続いており、即位後もオーストリア継承戦争（一七四〇―四八）、七年戦争（一七五六―六三）、バヴァリア継承戦争が相次いで起こった。ジャガイモは、そうした戦乱の時期に戦争の勝敗を左右する重要な軍糧になった。王は、強制栽培の勅令を出してジャガイモを増産させる。最初は味が淡白なことから犬さえも食わないと嫌われていたジャガイモも、王の熱心な奨励策が功を奏して庶民の生活に欠かせない食材に変化していくことになる。

軍事評論家クラウゼヴィッツが、限定目的の戦争の例にあげて解説したバヴァリア（バイエルン）継承戦争は、プロイセンとオーストリアの間のジャガイモの奪い合いだった。両軍は、互いに相手側に打撃を与えるためにジャガイモ畑を徹底的に荒らし回ったのである。双方で約二万人の死傷者を出したバヴァリア継承戦争は約一〇カ月間続くが、プロイセンではこの戦争が「ジャガイモ戦争」と呼ばれている。現在でもドイツ、ポーランドでは、ジャガイモが黒パンとともに主食の地位を占めている。

フランスでは、ジャガイモが人体に有害という俗信があったために、長い間食用にはならなかった。七年戦争（一七五六―六三）中にプロイセン軍の捕虜となり、ドイツでジャガイモが国民的食糧になっていることを知った薬剤師のパルマンティエ（一七三七―一八一三）は、ルイ一六世（位一七七四―九二）の許可を得てジャガイモ栽培の普及に乗り出した。ちなみに彼は五度もプロイセン軍の捕虜となりながら、その度にジャガイモを食べて生命をつないだ経験をもっていた。パルマンティエは、ルイ一六世に依頼してジャガイモの花を襟飾りにしてもらったり、貴族に分配したりして宣伝に努め、関心を引くために庶民にジャガイモを与えるのを禁止する法令を出すなどして高級食材であることをアピールした。

ジャガイモ料理の美味《うま》さを宣伝する一方で、パルマンティエはパリの郊外のレ・サブロンの原野に五〇エーカーのジャガイモ畑をつくって最近南米から渡来した珍しい農作物として宣伝し、昼は武装した監視人に見張らせ、夜間にはわざと見張りを解いた。そのために周辺農民は、厳重な見張りがついているジャガイモというのはさぞ美味で高価なのであろうと考え夜中にこっそりとジャガイモを盗み出し、栽培を開始した。それを機に、ジャガイモ栽培がひろがったのである。フランス革命期からナポレオン時代にかけて、何年間も続いた深刻な飢饉を背景に、栽培が容易で高収穫のジャガイモ栽培はフランス全土に瞬く間に普及した。フランス料理では、パルマンティエの名は「ジャガイモ添え」の意味でつかわれている。「パルマンティエ風」といえば、ジャガイモを使う料理を指す。

北アメリカのジャガイモ栽培は一八世紀初頭にヨーロッパから伝えられ、一七一八年にニューハンプシャーで始まった。アメリカではポテト・チップが有名だが、それは一八五三年にジョージ・クラムという料理人により偶然発明されたものだった。ニューヨークのサラトガ・スプリングスのホテルで料理人をしていたクラムは、ある時客に彼が揚げたフライド・ポテトに火が通っていないといわれて、薄くポテトを切って揚げ直し高い評価を得た。その際にポテト・チップという料理法に気がついたというのである。ポテト・チップのカロリーは、卵の三・六倍、牛乳の九・五倍だとされる。ちなみに日本でポテト・チップがつくられ始めるのは、アメリカ軍が日本を占領した一九五〇年のことである。

一八四五年にアイルランドでジャガイモの疫病が流行すると何百万人ものアイルランド人が飢えに迫られ、一八五一年から一九〇五年の間に約四〇〇万人のアイルランド人がアメリカへの移住を余儀なくされた。アメリカの第三五代大統領ケネディの曾祖父《そうそふ》も、この時のアイルランド移民の一人だったのである。アメリカで、ジャガイモを「アイリッシュポテト」と呼ぶのは、こうした悲惨な飢饉と移民が背後にある。二〇世紀の二つの世界大戦では、何百万人もの人々がジャガイモを食べるだけで、飢えを凌《しの》ぐことになる。

日本には、一五九八年（一説には一六〇三年）にオランダ船がジャワ島のジャガトラ港から長崎にもたらしたとされる。それがジャガイモの語源である。

太平洋を越えてきたサツマイモ

ジャガイモとは対照的に、広大な太平洋を横切り、アジアに直接伝えられた救荒作物がサツマイモである。サツマイモは、ジャガイモがヨーロッパで果たしたのと同様に飢餓を救い、中華世界の急激な人口増加に貢献した。

サツマイモはメキシコ高地が原産のつる性多年草で、根の肥大した部分が芋《いも》となって食用にされた。主要な農作物のなかで、単位面積当たりのカロリー供給量が最も多い作物である。

一六世紀にメキシコからアジアに向かったスペイン人レガスピがルソン島のマニラをイスラーム教徒の首長から奪い取り、フィリピン支配の拠点とした。その後、スペイン人は、メキシコのアカプルコから新大陸産の安い銀を大量にマニラに運び、台湾海峡を越えてマニラを訪れる福建商人との間で大規模な貿易を始めた。その貿易は、スペイン人が使用した大型帆船ガレオンの名をとり、マニラ・ガレオン貿易と呼ばれる。

サツマイモは、ガレオン船によりフィリピンにもたらされた。メキシコでインディオにより「カモテ」と呼ばれていたサツマイモが、長期間保存できることから航海用の食糧として買い付けられ、ルソン島に運ばれたのである。サツマイモはやがてマニラに居住する中国人の間にひろまり、福建に伝えられる。

一六世紀中頃にルソン島から台湾海峡を越えてサツマイモを運んだ人物が、福州《ふくしゅう》の商人、陳振龍《ちんしんりゅう》である。彼はサツマイモが優れた農作物であることに気づいて、持ち帰ったとされる。中国でサツマイモは、その甘み、赤い色から「甘薯《かんしょ》」、「甜《てん》（甘い）薯《しょ》」、「紅薯《こうしょ》」と呼ばれた。

一五九四（明の万暦二二）年、福建地方に飢饉《ききん》がひろがった時に、陳振龍の息子、陳経綸《ちんけいりん》は優れた救荒作物としてサツマイモを福建の地方長官、金学曾《きんがくそ》に献上した。金はその多産性に着目してサツマイモの普及に努力し、民衆の飢えの救済に効果をあげた。そのためにサツマイモは、「金薯」と呼ばれ、福建農民の間で持て囃《はや》されるようになった。

明末の著名な農学者、徐光啓《じょこうけい》は、一六〇八（万暦三六）年の凶作の際にサツマイモの噂を聞きつけて種芋を上海で栽培し、「救荒作物の第一」として中国全土に普及させた。彼の代表的な著作『農政全書』にも、サツマイモの栽培法が記されている。サツマイモが穀物栽培に適さない痩せた土地でも栽培可能なことが知れ渡るにつれ、優れた救荒作物としての名声は一段と高まり、清の乾隆《けんりゅう》年間（一七三五—九五）には沿海地域、黄河流域の荒地でひろく栽培されるようになった。清代は、漢代以降、五〇〇〇万人から一億人程度で停滞していた中国の人口が一挙に四億人になった人口の激増期だが、サツマイモが果たした役割は大きかったのである。

勘合貿易体制の下で民間商人の海外貿易を禁止した明帝国は多くの福建人を琉球に移住させ、琉球人に福建の港で自由に貿易する特権を与えた。前代から続いていた東南アジアの香木、香辛料の輸入を琉球に担わせようとしたのである。勘合貿易における特例措置だった。

そのためもあって琉球は、那覇《なは》港を中心に東南アジア、中国、朝鮮、日本を結ぶ国際交易を行い、一五世紀後半以降「琉球の大交易時代」を現出した。琉球船は福州港に盛んに出入りしたが、一六〇五年に明から帰った野国総管《のぐにそうかん》がサツマイモの栽培法を琉球に伝えた。琉球でサツマイモの普及に努めたのが、儀間真常《ぎましんじょう》である。琉球の風土にあったサツマイモは「カライモ」と呼ばれ、救荒作物として十余年で全島に普及した。

一六〇九年に琉球王国が軍船百余隻、兵員三〇〇〇人の薩摩《さつま》軍に占領されると、一七〇五年にサツマイモは山川の漁師、前田利右衛門により薩摩に伝えられ、「リュウキュウイモ」と呼ばれることになった。山川には、彼を祀《まつ》る徳光《とっこう》神社が残されている。火山灰地で穀物が十分に育たなかった薩摩では、サツマイモは多様なかたちで料理に利用され、人々を飢えから救った。また、サツマイモは、最近大流行のイモ焼酎《じょうちゅう》の原料にもなっている。

3　食卓に浸透する「新大陸」

トマトは媚薬？

トマトは、世界各地の料理に大きな影響を与えた「新大陸」産の食材である。ところがなぜかヨーロッパではトマトが、「愛のリンゴ」（イギリス）、「黄金のリンゴ」（イタリア）、「天国のリンゴ」（ドイツ）などと呼ばれている。トマトが、ヨーロッパにもともとあったリンゴの仲間として取り入れられたためである。

しかしトマトはリンゴではなくナス科の植物で、故郷はジャガイモと同じアンデス高地だった。ちなみに野生種のトマトの大きさは、わずかに直径一センチ程度に過ぎないとされている。トマトがアンデスからメキシコ高地に伝えられた後、アステカ人の手で品種の改良が積み重ねられ、野生種よりも数十倍大きな栽培作物に姿を変えたのである。インディオは、黄色に輝くトマトを「太陽の贈り物」と呼んで好んで食べたという。太陽のエネルギーが吸収できると感じたのである。

ヨーロッパのトマトという言葉の語源は、アステカ帝国の人々が栽培トマトの語尾に付した「トマートゥル（tomatl、ふくらむ果実の意味）」に由来するとされる。その意味が十分に理解されないままヨーロッパに伝えられてスペイン語のtomateという作物名になり、英語のtomatoになったのである。

アステカ人は、辛み調味料トウガラシを入れたトマト・ソースを好んで飲んだ。一五七一年にスペインの宣教師ホセ・デ・アコスタは中南米に渡り、約二〇年間各地を調査して『新大陸自然文化史』を著したが、その書のなかでトマトに言及し、トマトはチリ（トウガラシ）などの非常に辛い香辛料を和らげるために好んで食べられる、さわやかで身体によい水分の多い大きな粒状の実であり、それから美味《おい》しいスープもつくれると述べている。

トマトは、コロンブスが第二回の航海の際にヨーロッパに伝えたとも、名もないスペイン人の船乗りが伝えたともいわれている。「大航海時代」に大西洋を渡ってスペインに伝えられたトマトは、最初はインディオの間での呼び名をとって「ポミィ・ドロ（黄金のリンゴ）」と呼ばれた。ヨーロッパの文献にトマトという語が初めて現れるのは一五四四年で、ベネツィア人により記された書物に「熟すると黄色」になる作物として紹介されている。トマトは、長い間食材としては用いられず、鑑賞作物とされた。医師のなかには神秘的な効能を有する薬用植物とみなす者もあった。

イギリスでは一五九六年に植物学者ジェランドが自宅の庭でトマトを栽培し、試食したという記録がある。「太陽の贈り物」とされた多産なトマトは、やがて精力剤、催淫《さいいん》植物と考えられた。古代ギリシアで、リンゴが愛と美の女神アフロディテ（ビーナス）の持ちものとされ、「愛」のシンボルにされたためである。そのためピューリタン革命の際には、法律でトマトの栽培が禁止された。清々《すがすが》しい野菜として使われているトマトが催淫植物とはとても考えられないが、イギリスでトマトを「愛のリンゴ（love apple）」、アメリカでトマトを狼のように精力がつくという意味で「狼のリンゴ（wolf apple）」と呼ぶのは、かつてのトマトのイメージの残滓《ざんし》である。フランスでも、トマトは「ポム・ダムール（愛のリンゴ）」と呼ばれ同様の扱いを受けた。トマトの受難であった。

日本には、一七世紀にポルトガル人がトマトをもたらしたが、その独特の青臭い匂いが嫌《す》われて余り普及しなかった。一七〇八年に書かれた貝原益軒《かいばらえきけん》の『大和本草』には、赤茄子《あかなす》として記されている。その他に、「蕃茄《ばんか》」という呼び名があり、日本ではトマトはナスの仲間と考えられていたのである。

ヨーロッパのトマト栽培は、一七世紀以降に温暖で露地栽培が可能なイタリアで本格化した。一八世紀初めになるとシシリー島が世界最大のトマト産地となり、種から油を絞って石鹸がつくられた。南イタリアでトマトがパスタと組み合わされて使われるようになるのは、一八世紀初頭のナポリである。トマトをベースとするナポリタン・ソースは、独特の風味と色彩で評判を呼んだ。トマトは、魚や肉の臭みをとり、適度な酸味が野菜の味を引き立て、料理を艶《つや》やかに彩る食材として再評価されることになる。

一九世紀中頃には全イタリアでパスタにトマト・ソースを使うことが一般化し、ピザにもトマト・ソースが利用されるようになった。一八〇四年にフランス人のニコラ・アペールがビン詰を発明するとビン詰トマトが普及し、一八七五年に北イタリアのトリノでフランチェスコ・チリオが最初のトマトのカン詰工場を建設した。同じ頃にサレルノ市付近のサンマルツァーノという町でピーマンを細長くしたような煮込み用のトマトの改良種がつくり出され、食用トマトの生産・加工が軌道に乗ることになる。現在でもイタリア人一人あたりの年間トマト消費量は約五五キロ（日本人は、約九キロ）と圧倒的に多く、生産面でも、ヨーロッパの生産の約四割を占めている。

インゲンマメと落花生の大移動

インゲンマメというと中国の隠元《いんげん》禅師がもたらしたマメという印象が強いが、もともとは「新大陸」の食材である。一四九二年に約六〇日の航海の後カリブ海に達したコロンブスは、その海をアジアの海と勘違いした。彼は、キューバ島をキタイ（中国大陸北部）の一部と勘違いし、その南のハイチ島を「黄金の島」ジパングと考えた。コロンブスはキタイ帝国を求めて使節をキューバに送ったが、その際に発見されたのがタバコとインゲンマメだったのである。ヨーロッパに送られたインゲンマメは「新大陸」を代表する豆とみなされるようになり、西洋料理ではニンジン、ジャガイモとともに茹《ゆ》でたインゲンマメが肉料理の皿に彩りを添えている。

一六世紀初頭に西インド諸島からもたらされた「フェジュオーロ（fegiuolo、インゲンマメのこと）」を、人文主義者のヴァレリアーノが鉢に植えて栽培したとの記録があり、イタリアでインゲンマメの栽培が始まったことが分かる。航海士から種を貰《もら》い受けた教皇クレメンス七世が、手持ちの種のうちの幾つかを手放したのだろうと推測されている。

やがて、フィレンツェのメディチ家の娘、カトリーヌ・ド・メディシス（一五一九—八九）がフランス国王アンリ二世の下に嫁いだ時に付き従った料理人の手でインゲンマメは珍しい食材としてフランスにもたらされた。彼女は多分、ヴァレリアーノからインゲンマメの種を譲り受けたのだろうと考えられる。

フランスに伝えられたインゲンマメは、一七世紀中頃以降、段々と食卓に上がるようになる。しかし、消化に悪い、胃にもたれるなど、余り芳しい評判を得られなかったようである。一九世紀初頭にヨーロッパを制覇したナポレオンは、このインゲンマメが大好きだったともいわれるが、美食家サヴァランは、肥満の元になるとしてインゲンマメを嫌った。にもかかわらずインゲンマメは次第に他のマメを駆逐し、ヨーロッパ料理を代表するマメの座を獲得したのである。

アメリカ大陸産のインゲンマメがどのような経路を経て中国に伝えられたのかは、定かではないが、明代末期に海禁政策がくずれて中国商人の密貿易が活性化した時代に、ポルトガル人、或いはスペイン人により中国に伝えられたのであろうと推測される。明代の『本草綱目』にはインゲンマメの記載があるので、その時期までには伝えられていたことが理解できる。インゲンマメは、中華料理でも一般的な食材になっている。

李自成《りじせい》の乱（一七世紀前半）という大農民反乱で衰退した明帝国が、女真人《じょしん》により征服されて一六四四年に清帝国が成立すると、沿海部を中心に復明（明帝国を復興する）運動が起こった。厦門《アモイ》を根拠地とする海商の鄭成功《ていせいこう》（一六二四―六二）は、台湾に拠点を築いていたオランダ東インド会社軍を破って台湾を拠点に商業帝国を築き、清帝国に激しく抵抗した。その際に明の復興を目指す多くの人々が日本に渡り、支援を求める。そうした人々のなかに黄檗宗《おうばく》という新しい禅宗を伝えた隠元がいた。隠元は一六五四年に来日、六〇年に将軍家綱から宇治《うじ》に土地を与えられ、黄檗山萬福寺《まんぷくじ》を創建している。その隠元が、インゲンマメを日本に伝えたとされている。アメリカ産のマメが、日本では中国風の名で呼ばれるのは、そのためである。ちなみに隠元が日本にもたらしたのは、熱帯アフリカ原産のフジマメだという説もある。

マメ類として現在大豆に次いで生産量が多いのが「新大陸」原産のピーナッツであり、タンパク質と植物油の重要な素材になっている。英語のピーナッツは属性を示す「ピー」と味を示す「ナッツ」の合成語である。ピーナッツはボリビアなどアンデス地域の原産とする説が有力だが、西インド諸島説、ブラジル説もあってはっきりしない。

ピーナッツは、小さな蝶形の花をつけ、受精後に子房の柄が長く伸びて地下に入り繭の形をした実をつける珍しい植物である。地上で花を咲かせ、地下で結実するという奇妙な性質が「落花生」という呼び名のもとになっている。「大航海時代」以降世界各地に伝播し、日本に伝えられたのは一八世紀初頭で、中国経由だった。そのために「南京豆」とも呼ばれる。

ピーナッツは、一六世紀初頭にポルトガル人の奴隷商人が船中の食糧として、アフリカ西岸に運んだ。奴隷貿易船が、ピーナッツを西アフリカに伝えたのである。他方、スペイン人も一六世紀初頭に南アメリカ西岸からフィリピン群島にピーナッツをもたらし、そこから中国、日本、インド、マダガスカルにも伝えられた。

一八世紀末になると、奴隷貿易とともにアフリカからアメリカにピーナッツが持ち込まれた。アフリカ経由で、ピーナッツが「新大陸」に戻されたのである。黒人奴隷問題とアメリカ合衆国でのピーナッツの普及は、大きな関わりがあった。アメリカでピーナッツ栽培が急激に進んだのは奴隷制の可否をめぐって戦われた南北戦争（一八六一―六五）以後である。炒《い》ったピーナッツを食べる南部の習慣が帰還した北軍兵士により北部にもたらされ、全国化したのである。

一八九〇年代に入ると菜食主義者の医師ジョン・ケロッグ（一八五二―一九四三）が、植物性の油脂を使った健康食品として、ピーナッツ・バターをつくった。ピーナッツ・バターは二〇世紀のアメリカでひろく普及していく。

七面鳥はインドの鳥？　トルコの鳥？

「新大陸」を代表する肉鳥の七面鳥はキジの仲間だが、いかにも見た目の悪い鳥である。頭から首にかけて皮膚が露出し、肉塊状、いぼ状になっており、色が赤、青、紫などに変化する。「七面鳥」という呼び名もそれによる。しかし見かけとは別で、肉質はとても素晴らしい。

ブリヤ・サヴァランは、その著『美味礼讃』のなかで、「食いしんぼうの聞こえ高き人類最初の親たちよ。おん身らはただ一つのりんごのために身を滅ぼしたが、トリュッフ詰めの七面鳥のためだったら、どんなことになっていただろう？　だが、地上の楽園には、まだ料理人も菓子職人もいなかったのだ。おお、かわいそうな人たちよ！」と述べている。美食家のサヴァランも、異様な面貌《めんぼう》をした七面鳥の肉にぞっこん惚《ほ》れ込んだようである。

感謝祭（一一月の第四木曜日）やクリスマスに七面鳥にキノコや栗を詰めて食べる習慣も、アメリカから始まった。アメリカでは、大型の七面鳥は肉鳥の王とされていたのである。丁度、イエスの生誕を祝うクリスマスの時期が七面鳥のヒナの食べ頃であり、キノコや木の実が実る時期だったことから先住民の七面鳥のヒナを食べる食文化が、キリスト教仲間と結びついてヨーロッパ移民に取り入れられた。異なる食文化の融合である。

こうした文化融合の背後には、アメリカ開拓の基盤を築いたとされるピルグリム・ファーザーズ（巡礼始祖）の苦難に満ちた生活と先住民との交流があった。一六二〇年、イギリスのジェームズ一世（位一六〇三―二五）によるピューリタンへの弾圧を逃れるため、一〇二人のピューリタンが帆船メイフラワー号を借り入れて、ボストン東南のプリマスにたどり着いた。ピルグリム・ファーザーズである。

彼らは、厳しい気候と飢えに脅かされながら植民地の建設を進めたが、その生命を救ったのが農業の仕方を教えた先住民だった。そこで、生き残ったピューリタンは、翌年の一一月に神と先住民に感謝を捧げる感謝祭を行い、当時の植民地では最大の御馳走《ごちそう》だった七面鳥を焼いて食べた。それが、習慣になり、やがてクリスマス料理にも七面鳥が用いられるようになる。アメリカ合衆国で一一月の第四木曜日に行われる感謝祭は、一八六三年にリンカーン大統領が国家行事として定めたものである。カナダでは、一〇月の第二月曜日が感謝祭になっている。

野生の七面鳥は、中米から北米にかけてひろく生息しており、アステカ人、マヤ人などが「パヴォ（pavo、美しい鳥）」と呼んで神聖視していた。コルテス（一四八五―一五四七）がアステカ帝国を征服した時に、宮廷では毎日一〇〇羽の七面鳥が食べられていたという。一五一八年にスペイン人が七面鳥を中米からヨーロッパに持ち帰り、地中海沿岸で飼育が始まった。大きくて立派な七面鳥を丸焼きにして食べる食文化が、ヨーロッパに伝播したのである。

サヴァランは、「七面鳥は家禽類のなかでは最も大きく、最も高雅とはいえないが少なくとも最も美味なものである」とした後、一一月から二月までの四ヵ月間に、パリでは約三万六〇〇〇羽もの七面鳥が料理に使われると述べている。一九世紀の初めに、七面鳥を食べる食文化がフランスに完全に根づいていたことが分かる。

しかし、七面鳥がヨーロッパに伝えられた時、アメリカの先住民がインド人と完全に取り違えられてしまうことになった。かつてコロンブスは新大陸をインドと取り違え、先住民をインディアンと呼んだが、その勘違いが七面鳥とともに蘇《よみがえ》ったのである。フランス語では七面鳥の雌を「ダンド（dinde）」と呼ぶが、これは「インド（inde、アンド）の」あるいは、「インドからきた」を意味する「ダーンド（d'Inde）」から来ている。俗語としては「ジェズイット」という呼び名もあるが、それはイエズス会（ジェズイット教団）士が七面鳥をフランスにもたらしたためである。

他方、英語では七面鳥を「ターキー（turkey）」という。つまり、トルコの鳥だというのである。いかにも荒唐無稽《むけい》な呼び名であるが、それはアフリカ原産でトルコ経由でイギリスに入った七面鳥によく似たホロホロ鳥（「ターキー・クック（turkey-cock、トルコの鳥）」）と七面鳥を取り違えたためとされている。最初は「ターキー・クック」と呼ばれていたのが、後に圧縮化されてターキーというように単純化されたのである。

4　新大陸が育てた嗜好品

チョコレートは「にがい水」？

アマゾン川流域を原産地とするアオギリ科のカカオの種子は、チョコレートの原料であり、種子を乾燥させ粉末にしたものが「ココア」になる。「カカオ」の呼び名は、中米のアステカ人やマヤ人が、その木または実を「カーカーアトル」、「カカウ」と呼んでいたのが、スペイン語に転訛《てんか》したとされている。カカオの学名は、テオプロマ・カカオだが、「テオ」は男性神、「プロマ」は食物の意味なので、全体として「神の食物」の意味になる。美味なることを賛《たた》えて、その名がつけられたとされている。カカオは、「新大陸」を代表する高貴な嗜好《しこう》品だったのである。

カカオの収穫は植樹後四年目頃から開始され、二〇年から二五年間は収穫可能とされている。長さ一五センチから二〇センチの紡錐形の果実には四〇位の種子が詰まっており、一本の木から年間七〇から八〇の果実が採集できた。中央アメリカのマヤ人とアステカ人は、カカオの種をトウモロコシの種と一緒に砕き、それを水で煮てトウガラシを加え、ペースト状の強烈な飲み物をつくった。メキシコ高原のアステカ人はそれを、「チョコラトル（「にがい水」の意味）」と呼んだ。それが、チョコレートの語源である。

アステカ帝国では、カカオ豆は王への貢納品、貨幣として利用され、一〇〇粒で、奴隷一人と交換できるほど高価だった。一五二一年に三六歳のコルテスが歩兵五〇〇人、大砲一四門、馬一六頭でアステカ帝国を滅ぼした時に、カカオはスペイン人に伝えられた。アステカ帝国のモンテスマ王と会見したコルテスは、王が飲んでいた「チョコラトル」という飲料に心を奪われ、帰国に際してカカオ豆と加工道具を持ち帰ったとされる。

スペインの王侯貴族の間でチョコレートは贅沢《ぜいたく》な飲み物として流行したが、自分たちの味覚に合うようにトウガラシの代わりに「新大陸」産のバニラと砂糖を使い、現在のようなチョコレート（スペイン語で「カカオの飲み物」の意味）がつくり出された。苦く辛いアステカ帝国のチョコレートは、スペインの地で甘みをおびたチョコレートに姿を変えたのである。その後約百年間、スペインの貴族はチョコレートを国外に出さず、その味を独り占めし続ける。

しかし、一七世紀初めにスペイン王女アンヌ・ドートリシュがフランス王ルイ一三世（位一六一〇—四三）に嫁いだ際にココアを飲む習慣がフランス貴族に伝えられ、フランス、イタリアで大流行した。そうすると、当然のことながらメキシコ産のカカオだけでは間に合わなくなり、栽培地の拡大が始まるようになる。

最初、カカオはスペインが独占販売の体制をとり、中央アメリカからスペインにだけ輸出されていたが、一五二五年にカリブ海のトリニダード島に移植され、次いでベネズエラにもカカオ園が設けられた。一五六七年に建設されたベネズエラの都市カラカスは、プランテーションで大量に生産されるようになったカカオの集散都市だった。カラカスはカカオの都市だったのである。一六八四年にベネズエラではカカオの木三七万本、カカオ農園で働く黒人奴隷一万六〇〇〇人を数えたが、一八世紀になるとそれぞれ五〇〇万本、二〇万人へと激増した。

スペインによるカカオの独占がくずれたのは、オランダ人がキュラソー島に入植しベネズエラのカカオのヨーロッパへの輸出を開始したためだった。ヨーロッパ諸国にココアを飲む習慣がひろがる一八世紀末になるとベネズエラにカカオ栽培を限定するスペインの政策が緩み、エクアドルなどの周辺地域にも栽培がひろがった。ポルトガルから独立したブラジルでも、一八八八年に奴隷制が廃止された後、サトウキビ農園で使役されていた解放奴隷が零細な農地でカカオを栽培するようになる。一九〇〇年には、ブラジルを中心とする南アメリカが世界のカカオ生産の八〇パーセント以上を占めている。

一七世紀に、スペイン人が植民地フィリピン群島にカカオを移植し、ついでオランダ人がセイロン島とインドネシアの島々にカカオを移植した。アフリカでは、オランダ人の手でアフリカ西海岸のギニア湾内のサン・トメ島で栽培が開始され、一九世紀後半に現地の人々により西アフリカに移植された。

一八二八年にオランダの化学者コンラート・ヴァン・ホーテンがカカオの三分の二の脂肪を取り除くプレスを発明し、チョコレート・パウダーをつくり出した。それが現在のココア・パウダーである。現在、世界最大のココア生産会社がオランダのヴァン・ホーテン社で、オランダ人が飲料として一番にココアを好むのはそのためである。一八四七年にイギリス西部の港町ブリストルで、カカオから取り出した油分（ココア・バター）に砂糖、カカオの粉末を加え、飲むのではなく「食べるチョコレート」がつくり出された。それが、現在一般的にイメージされているチョコレートの起源ということになる。

トウガラシとタバスコの深い仲

ナスの仲間トウガラシはペルーを原産地とし、古くからアメリカ大陸でひろく使われた辛みの強い香辛料だった。トウガラシの甘味種が、ピーマン、パプリカである。コロンブスは、黄金の国（ジパング、日本）と勝手に決めつけてしまったカリブ海のエスパニョーラ島で「アジィ」と呼ばれていたトウガラシと出会い、一四九三年にスペインに持ち帰った。現在でもスペインでは「アジィ」という言葉が、トウガラシの俗語として使われている。

アンデス地方では、インカ帝国以前からトウガラシが用いられていたようである。また、マヤ文明ではトウガラシが調味料として用いられたのみならず、整腸剤としても使われていた。

一五一九年から二一年にかけてメキシコのアステカ帝国を征服したスペインのコルテスは、タバスコ種と考えられる強烈な辛みをもつトウガラシをスペインに持ち帰った。この猛烈に辛いトウガラシは各地で品種の改良が進められ、多様化していく。トウガラシの呼び名に「チリ」があるが、これは南米のチリという国名（原地語で「地の果て」の意味）とは関係なく、スペインで激辛のものを「チリ」と呼んだことに由来する。

トウガラシは、古くから固有の香辛料文化をもっていたアジアでもひろく受け入れられ、インド、東南アジア、中国、朝鮮などの食文化に大きな影響を与えた。トウガラシは一五四三年に種子島《たねがしま》を訪れたポルトガル人の手で日本に伝えられ、「南蛮胡椒《こしょう》」（或《ある》いは単に「南蛮」「南蕃《なんばん》」）、「蕃椒《ばんしょう》」と呼ばれた。「唐辛子」という言葉は、豊臣秀吉の李朝への侵攻の際に、トウガラシをまだ知らなかった日本人の武士が、朝鮮からトウガラシを持ち帰ってこのように呼んだのであろうと推測されている（鄭大声『朝鮮の食べ物』）。

ところが朝鮮のトウガラシは、もともと日本経由で朝鮮に伝えられた。倭人が朝鮮にもたらしたトウガラシは、当時「倭辛子」と呼ばれていたのである。トウガラシは、あっさり味を好む日本では余り重用されなかったが、朝鮮に伝えられると、米、麦に麴《こうじ》、トウガラシを混ぜ合わせて発酵、熟成させたコチュジャンがつくられるようになり、朝鮮料理の基本的調味料となる。キムチという発酵食品も、トウガラシを調味料とする。白菜・大根などを塩漬けにし、魚介の干物、ニンニクなどとともにトウガラシを混ぜて漬け込むのがキムチである。ハクサイのキムチは特に有名だがキムチの種類は二〇〇にもおよぶとされ、近年は日本でも盛んに食べられるようになっている。

欧米では、トウガラシを使った辛み調味料としては、タバスコが有名である。タバスコは、メキシコのアステカ帝国を征服したコルテスが、その有能な協力者となったアステカ語を理解する若い女性マリンチェと出会ったメキシコ南部の土地を指し、先住民の言葉で「湿った土地」の意味である。テキサスをめぐる米墨戦争（一八四六—四八）の際に、グリースンというアメリカの兵士が、それまでアメリカになかったタカノツメに似た強烈に辛い赤トウガラシ（チリ）の種子をメキシコから持ち帰る。その種を譲り受けたエドマンド・マキルヘニーはルイジアナ州の自家農園でその栽培に成功し、南北戦争後に赤トウガラシに食塩、香辛料を加え三年間発酵させてつくるトウガラシソースを完成させた。一八六八年、マキルヘニーがこのトウガラシソースに「タバスコ」という商品名をつけて売り出すと、ルイジアナで食べられていた魚料理に合うソースとして名声を博した。

舌がしびれるほど辛い、激辛調味料タバスコは、ニューヨークを経てヨーロッパに伝えられ、その強烈さが幸いして世界各地にひろまった。トウガラシはどうも、発酵と相性がよいらしい。

5　日本にもおよんだ「食の大交流」

ポルトガル人・オランダ人が伝えた味

注目すべきことは、「大航海時代」以降の世界規模の交流により新大陸とアジアからヨーロッパにもたらされた物産のほとんどが、ほぼ同時期に日本に紹介されたことである。その担い手になったのがポルトガル人（南蛮人）とオランダ（紅毛人）だった。「大航海時代」は、日本列島をも巻き込む世界史の大変動期だったのである。

「大航海時代」、アフリカ最南端の喜望峰を越えてアジアにやってきたポルトガル人は、世界の銀の三分の一を産出する大銀産国、日本との交易を盛んに行い、交易の副産物として珍しい食材、料理を日本にもたらした。日本とヨーロッパの最初の文化接触は、世界の食文化との大規模な交流でもあったのである。

安達巌氏の『たべもの伝来史』は、ポルトガル人が日本にもたらした食材、料理として、玉蜀黍《トウモロコシ》、蚕豆《ソラマメ》、馬鈴薯《ばれいしょ》、南瓜《カボチャ》、唐辛子《トウガラシ》、赤茄子《トマト》、肉豆蔲《ニクズク》、家畜としての兎《ウサギ》、パン、ビスケット、カステラ、ボーロ（一種のクッキー）、コンペイトウ、有平糖《アルヘイトウ》、浮石糖（カルメイラ)、テンプラ、ガンモドキ、ミズタキ、ワイン、アラキ(焼酎)をあげている。ヨーロッパの食材、料理とともに、「新大陸」、イスラーム世界、東南アジアの食材、香辛料などが、ポルトガル人の手で伝えられたのである。タバコ、コップ、ビードロ(硝子《ガラス》)も、ポルトガル語に由来するとされる。

後れて日本を訪れたオランダ人がもたらした文化は「紅毛文化」と総称されるが、オランダ語に由来するものとしては、コーヒー、ビール、ブランデ(ブランデー)、タルタ(タルト)、ソップ(スープ)メルキ(牛乳)、ボートル(バター)のほかにカン(缶)、ターフル(テーブル、食卓)、ホコ(フォーク)、レイブル(スプーン)、コック(料理人)などがある。「大航海時代」を契機に進んだヨーロッパ文明の伝来が、日本の食文化に新たな可能性に富む素材を与えたことが明らかになる。

テンプラとサツマアゲを生んだ宗教習慣

ポルトガル人が日本に伝えた料理のうちテンプラを取り上げてみよう。日本では油を使う揚げ物料理の歴史はきわめて浅く、一六世紀以降に普及した。たとえば、油を基調とする中国料理には、大別すると「炒(シャオ)短い時間炒《いた》める」、「煽(シャン)長い時間炒める」、「爆(パオ)高温で炒める」、「炸(ツァ)揚げる」、「溜(リュウ)あんかけ」、「煎(チェン)少ない油で煎《い》り焼く」、「貼(ティエ)片面を煎り焼く」の七種類の調理法がある。それに対して、日本料理では、油の使用が普及していなかったことから「揚げる」「炒める」位しかない。

日本料理が水を基調とする料理で、油が普及しなかった理由としては、水が豊富に使えたこと、高温に耐え得る鉄鍋が使われていなかったこと、食用油が高価だったこと、などがあげられる。しかし、なたね油の普及が状況を一変させた。水田二毛作が普及すると、稲の裏作の作物としてアブラナが植え付けられるようになり、室町時代からゴマ油だけではなく庶民的ななたね油が使われるようになるのである。

しかし、それだけでは条件が整ったことにはならない。ユーラシア大陸の西の外れに位置する海洋国家ポルトガルの船乗りたちの喜望峰を迂《う》回し、マラッカ海峡を通過して日本列島にいたる苦難に満ちた大航海が「テンプラ」という料理のヒントを与えるのである。異文化との接触が、現在の日本を代表する料理を生み出したのである。最初にテンプラとして揚げられたのは、麩《ふ》、コンニャク、豆腐などだったというから、テンプラはおよそ現在のイメージとは掛け離れた料理だった。「天麩羅《てんぷら》」というように「麩」の文字を用いるのは、その名残りである。江戸時代初期になると魚も揚げられるようになり本格的なテンプラ料理が始まる。

一六一六年に、七五歳の徳川家康が豪商茶屋四郎次郎に上方で流行しはじめていたタイをゴマ油で揚げる南蛮料理の話を聞き早速試しに食べてみたが、やがて腹痛を訴えて病の床につき、命を引き取ったという有名な話がある。家康は、ゴマ油を使った揚げものに慣れていなかったために消化不良を起こし、余病を併発して命を落としたらしい。胃ガンであったという説もある。とにもかくにも、家康の時期にはテンプラは伝来したばかりのハイカラな料理だったのである。

テンプラという言葉は、ポルトガル語からきているというのが一般的である。その語源については、tempero（調理）、temporas（キリスト教で肉食を禁じられた四旬節）、templo（教会）などがあるが、肉食を禁じられていた復活祭前の四〇日間（四旬節）にポルトガル人の船乗りがニシンなどの魚を揚げ物にして食べたことから、こうした料理名がつけられたという説が最も説得力がある。キリスト教では、イエスが荒野で断食・修行をした四〇日間にちなんで、一定期間肉を断つ習慣があったのである。それ故に、テンプラでは肉を材料としては使わない。関西では、魚のすり身を油で揚げた「さつま揚げ」も「テンプラ」と呼ばれる。もともと「さつま揚げ」は、テンプラの一種だったのであろう。「薩摩（さつま）揚げ」は、独特の名品を生み出した薩摩の「テンプラ」に対する関東の人々の呼び名なのである。テンプラは、ダシを使ったテンツユが使われるようになって日本料理としてのかたちを整え、ポルトガル料理から離れていった。

江戸時代中頃になるとテンプラはかなり普及し、現在のように小麦粉の衣をつけて揚げるテンプラが登場するようになる。一七四八年に冷月庵谷水《れいげつあんこくすい》が著した『料理歌仙の組糸』

には、「てんぷらは、何魚にても、うんとんの粉（小麦粉）をまぶして揚ぐるなり。菊の葉てんぷら、また、ごぼう、蓮根、長芋その他何にてもてんぷらをせんには、うんとんの粉を水、醬油とき塗りつけて揚ぐるなり」とある。江戸時代後期になるとテンプラは屋台の食べ物、つまりインスタントな食品として庶民の間にひろがった。テンプラ屋が店を構えるようになるのは、江戸末期のことである。

イスラーム世界からやってきたガンモドキ

日本を代表する料理のひとつに味噌《みそ》田楽（女房言葉では「おでん」）を起源とするオデンがある。多くのオデンの具のなかでも、特異な存在が「がんもどき」である。

ガンモドキの来歴をたどっていくと、ポルトガル船がもたらした「ヒリョウズ（飛龍頭）」という南蛮菓子にたどりつく。しかし、ヒリョウズはポルトガルで生まれた菓子ではない。ヒリョウズは、小麦粉の生地で肉などを包んで揚げる菓子で、もともとはイスラーム世界の「バクラヴァ」という食べ物だった。それがイスラーム教徒のイベリア半島進出によりスペイン、ポルトガルに伝えられたのである。ポルトガル人の航海事業は南部のアルガルヴェ地方を中心に組織されたが、その地域はイスラーム文化がきわめて色濃い地域でもあった。たとえば、ポルトガルを代表する青い色付きタイル「アズレージョ」は、イスラームの「ミニュアチュール（細密画）」に由来する。ヒリョウズも、同様にイスラームの食文化のコピーだったのである。アフリカ最南端の喜望峰を越え、インド、マラッカ海峡を経由して九州にもたらされたイスラーム世界の揚げ菓子は、肉食の風習がない日本人には馴染《なじ》みの薄い食べ物であり、スナック菓子としてイメージされたのである。

ヒリョウズをハイカラな食べ物として食文化に組み込もうとした当時の人々は、揚げ菓子という外形だけを取り入れ、中身の肉を豆腐に置き換えた。手近にある食材の豆腐が利用され、ヒリョウズは豆腐の揚げ物に姿を変えたのである。やがて水気を少なくしてゴボウ、アサの実などを加えて揚げるようになり、ヒリョウズは現在のガンモドキに姿を変える。

ポルトガルの食べ物を変容させたヒリョウズは、九州、関西では「飛龍豆」と漢字で書かれて伝統的な食材に組み込まれ、呼び名もそのまま残された。他方、詰め物の肉（鳥肉、雁《がん》の肉）を豆腐で置き換えたところから「雁擬《もど》き」という言葉が生まれ、それもこの食材の呼び名としてひろまった。関東では、「ガンモドキ」の呼び名が一般的である。屋台や飲み屋でオデンの具として食べられている庶民的な食材ガンモドキが、万里の波濤《はとう》を越える大航海の末に私たちの食卓にもたらされたとは、何とも愉快な話である。

第六章

砂糖と資本主義経済

I　日用品に変身した嗜好品

海から姿を現した資本主義

一七世紀は、「旧大陸」と「新大陸」の間で「コロンブスの交換」が盛んに行われた一六世紀の後をうけて、膨張したヨーロッパ経済が収縮に転換する時期だった。一七世紀はペルー、メキシコからの銀の流入が急速に減少し、ヨーロッパ経済の成長が一段落したのである。

この時期にはヨーロッパで「新大陸」の食材の栽培が進んだだけではなく、「新大陸」にヨーロッパ市場のための商品作物を栽培するプランテーション（大農場）が多数設けられ、砂糖、コーヒーなどヨーロッパ人が求めるものが商品として大量にヨーロッパへ流入した。植民地でヨーロッパではとてもつくれない多種類の作物が栽培されたために、ヨーロッパ人の食卓には新しい食材が押し寄せ世界化のきざしが現れるようになった。

一七世紀には貿易を重視する重商主義政策を掲げるヨーロッパ各国が競って交易ネットワークの拡大を図ったが、絶対的な優位に立ったのが新興商業国オランダだった。オランダは、オランダ独立戦争（一五六八—一六四八）でスペインから独立した後、卓越した造船力、海運力で一七世紀前半にはヨーロッパの海の覇権を確立した。しかし、海軍力に劣るオランダは一七世紀の後半になると急速に没落し、一八世紀にはイギリスの優位が確立する。一七世紀から一八世紀は環大西洋地域を結ぶ貿易が著しく活性化することで世界資本主義システムの中身が整い、後に続く産業革命が経済的・政治的・精神的・社会的に準備された時期であった。

この時期のヨーロッパ人は「新大陸」のプランテーション（大農場）でサトウキビ、コーヒーなどを商品として大量に生産し、アジア各地で商品作物の栽培を大規模に進め、清帝国から膨大な量の紅茶を買い入れることで、食卓に大きな変化をもたらした。この時期の最も主要な商品が砂糖である。砂糖こそが、ヨーロッパの食卓の世界化、ヨーロッパの資本主義経済の成長を牽引《けんいん》する役割を果たしたのである。

プランテーションと博物学

一七世紀は物理学により地球を解釈したニュートンに代表される「科学革命」の世紀として知られるが、この時代は博物学が流行した時代でもあった。世界各地から膨大な数の動・植物の標本と知識がヨーロッパに集められ、商品価値のあるモノは世界各地で商品として栽培、飼育されたのである。ヨーロッパ人は博物学により得られた知識をもとにして地球規模で植物、動物を交流、移植させ、地球上の生態系を大規模につくり直していった。当然各地の料理、食材、調味料にも大きな変化が生まれたのである。

「新大陸」を中心にヨーロッパ人が世界各地で経営したプランテーションは、先住民や移民、黒人奴隷などの安い労働力を使い、ヨーロッパ市場で売り出すことを目的とする商品作物の大量生産システムである。プランテーションは、ヨーロッパの経済と結合することによってのみ存続が可能になった。砂糖・たばこ・インディゴ・コーヒーなどの商品作物はヨーロッパ諸港に運ばれ、そこから再輸出されたのである。オーシャンを往来した食材、調味料、香辛料、嗜好《しこう》品はかつては奢侈《しゃし》品だったが、この時代になると大量に生産された結果日用食品となった。ヨーロッパの食生活は、世界各地からかきあつめられた食材、調味料、香辛料、嗜好品により一挙に厚みを増していくことになる。

砂糖の長い長い旅

サトウキビは現在でも、世界で最も多く生産される農作物である。サトウキビの茎を破砕して汁を搾り、水に溶け易い結晶の砂糖が精製された。大航海時代以後、ブラジル、カリブ海域のプランテーション（大農場）で大量に生産された砂糖は環大西洋世界の主要商品となり、資本主義経済（近代世界システム）形成の原動力になるのである。

ここで、ヨーロッパの食の世界に大変化をもたらした砂糖の歩みをたどっておくことにする。砂糖を意味する英語のシュガー（sugar）は、フランス語のシュクル（sucre）が転《てん》訛《か》したものだが、シュクルは更にアラビア語のスッカル（sukkar）、サンスクリット語のサルカラー（sarkara）と遡《さかのぼ》ることができる。語源をたどることでサトウキビは、インド人により東南アジアで商品作物として見いだされたことが分かる。サトウキビの原産地は東南アジアのニューギニアだが、インドが二次的原産地になった。仏教を創始したシャカの一族はサトウキビを家の紋章にしていたといわれ、ヒマラヤ山麓《さんろく》でサトウキビの栽培を行っていたのではないかと推測されている。マケドニアのアレクサンドロス大王（位前三三六―前三二三）がインド遠征を行った際に、司令官のネアチェスが、「インドでは蜂の助けを借りずに、葦《あし》の茎から蜜をつくっている」と報告していることから、インドではすでに砂糖が使用されていたことが分かる。ちなみに「葦の茎」というのは、サトウキビを指す。

サトウキビが中国に導入されたのは前一世紀頃で、砂糖の精製が行われるようになるのは二〇〇年から三〇〇年後であった。一六〇九年に奄美《あまみ》大島《おおしま》の人が中国の福建地方に漂着し、翌年サトウキビの苗を持ち帰って製造したのが、日本における最初の砂糖とされる。

八世紀中頃以降、イスラームの大交易圏が成立すると、サトウキビの栽培はインドからイラクに伝えられ、キプロス島を経てエジプトなどの地中海周辺地域に伝播した。エジプトでは七一〇年以降に精糖業が勃興《ぼっこう》し、九世紀初めにはサトウキビ栽培と製糖が盛んに行われ各地に輸出されたが、ペストが流行した一四世紀中頃になると砂糖生産は衰退した。その一四世紀にはヴェネツィア商人がキプロス島で、ジェノヴァ商人がシチリア島でサトウキビの栽培に乗り出す。

中世ヨーロッパには十字軍の遠征の際にヴェネツィア経由で砂糖が伝えられたが大変な貴重品であり、薬品として用いられていた。『神学大全』を著した著名な神学者トマス・アクィナスは、砂糖を消化促進のための薬と断じている。

エンリケ航海王子（一三九四―一四六〇）がマデイラ島などアフリカ沿岸の島々を植民地にした際に、ポルトガル人はサトウキビを栽培して大きな収益をあげた。やがてサトウキビは一五八〇年頃に、ブラジルに移植される。一六世紀後半から一七世紀前半には、ヨーロッパで消費される砂糖の大半はブラジルから供給されるものだった。

ステータス・シンボルになった砂糖

一七世紀になると、オランダが大きな収益が見込まれるサトウキビの栽培に乗り出す。オランダ移民は先《ま》ず南アメリカ北東部ガイアナに、サトウキビのプランテーションを建設した。一七世紀中頃以降になると、イギリス、フランスが高い収益を求めて、砂糖の生産に乗り出す。

イギリスは、一六二四年に西インド諸島の東端に位置するバルバドス島を支配し、一六五五年になるとバルバドスの約三〇倍のジャマイカ島を占領する。砂糖の製法をオランダ人から学んだイギリス人は、この両島にプランテーションをつくり、大規模な砂糖の生産に乗り出した。一八世紀になると、ジャマイカ島はブラジルを抜いて世界第一の砂糖産地になる。

一七世紀末にスペイン領エスパニョーラ島西部（現ハイチ）の都市サン・ドマングを獲得したフランスも、サトウキビのプランテーション経営を始め、一八世紀になるとハイチがジャマイカと並ぶ砂糖の大生産地になった。砂糖生産による西インド諸島の生態系の大規模な変化と大量の黒人奴隷の流入による社会の変動を、「砂糖革命」と呼ぶ。大航海時代に天然痘の流行で先住民が激減していった西インド諸島は、黒人奴隷の世界として再編されたのである。大量に生産された砂糖は、アジアのコショウ、チョウジ、ニクズクなどを凌《しの》ぐ調味料となり、環大西洋世界の商品経済の膨張に大きく貢献する。

一八世紀になると砂糖の生産量は激増し、奢侈品だった砂糖が生活必需品に変身する。イギリスの一人当たりの砂糖消費量は一六〇〇年に四〇〇グラムから五〇〇グラムだったものが、一七世紀には約二キロ、一八世紀には約七キロへと増加し、貧しい家庭の食卓にも砂糖が浸透するようになった。庶民にも「甘み」が開放されたのである。庶民は、かつて富裕層が独占した砂糖を貪欲に生活に取り入れた。砂糖を消費することで社会的地位の向上が果たせたように感じたのである。それが砂糖の消費量が短期間に激増した大きな理由だった。

その後大西洋の砂糖は中国の茶、イスラーム圏のコーヒーと結びつき、ヨーロッパに新たな嗜好文化をつくり出すことになる。ちなみに江戸時代にオランダ東インド会社がジャワ島から長崎の出島にもたらした砂糖は、「出島砂糖」と呼ばれ贅沢品として珍重された。毎年、多くの「出島砂糖」が大坂を経由して江戸城に送られ、和菓子の原料となり大奥の女性たちを楽しませたのである。当時の砂糖は大変に高価でオランダ東インド会社は莫大な利益をあげたが、幕府は、かさむ一方の「出島砂糖」の購入費用に頭を悩ませたという。砂糖はヨーロッパでは紅茶やコーヒーに溶かされ、日本では和菓子のなかに練り込まれたのである。

砂糖生産を支えた奴隷貿易

熱帯には四季がないために、サトウキビは通年収穫することができた。植え付けの時期をずらせば、高さ三メートルから六メートル、太さ二センチから五センチに成長したサトウキビの一年中の収穫が可能だったのである。収穫したサトウキビは手で地表近くの茎を取り、カギで葉を切り落とし、先端部分の未成熟部分を取り除き、束にして荷車でプランテーション（大農場）の砂糖工場に運ばれた。茎の搾り汁から、精製、濃縮、結晶化、分蜜、乾燥、冷却のプロセスを経て砂糖がつくられたのである。

しかし、収穫後にサトウキビの甘味が急速に失われてしまうため、収穫後の作業は多忙を極め多くの労働力が必要になった。そこで、ブラジル、西インド諸島などのプランテーションで、大量の黒人奴隷が使役されることになる。

砂糖プランテーションでは、一〇〇人程度の労働力があれば、年間八〇トンの砂糖生産が可能だった。また、一六四五年のバルバドスの一イギリス人の手紙によると、黒人奴隷を購入しても、ほぼ一年半で元がとれた。黒人奴隷はまさに富を生む「金のタマゴ」だったのである。そのために、一七〇一年から一八一〇年までの一〇九年間に、バルバドス島に二五万二五〇〇人、ジャマイカ島に六六万二四〇〇人もの大量の黒人奴隷が運び込まれた。

一八世紀に入ると、コーヒー、紅茶の普及とともに砂糖の需要が増え、西インド諸島のプランテーションは成長の一途をたどった。砂糖のほかに綿花、インディゴ、たばこ、コーヒーなど、プランテーションで栽培される品目が増加すると、当然のことながら黒人奴隷の需要は高まるが、その貿易を主導したのがイギリス人である。イギリスは、スペイン継承戦争（一七〇一―一三）の講和条約、ユトレヒト条約（一七一三）でスペイン植民地に対する独占的な奴隷貿易権（アシエント）を獲得し、さらに奴隷の大量輸送方式を考案することで、オランダなどの奴隷商人を凌ぐにいたった。奴隷貿易の拠点になったのはリバプール港で、奴隷船は綿布、武器、火薬、金属細工、ガラス細工、酒などをアフリカ西岸に運んで奴隷を購入し、アメリカ各地で奴隷を売却して砂糖、綿花などを購入しヨーロッパに戻る三角貿易を行った。

イギリスの奴隷商人は、僅《わず》かに二—三ポンドで購入した奴隷を二五—三〇ポンドで売却することで巨利をあげたのである。一六世紀から一九世紀初めまでに奴隷貿易により西アフリカから運ばれた奴隷の総数は、一〇〇〇万人から二〇〇〇万人とされるが、そのうちの三分の一が一七六〇年から一八一〇年の間の五〇年間に輸送されたものであった。

2　嗜好品が結びつけた三大陸

「チャ」と「テ」が語る中国茶

砂糖がもつ甘みは、女性に大変好まれた。しかし、砂糖だけを食べるわけにはいかない。そこで、砂糖のパートナーを見つけることが必要になった。ゾンバルド（一八六三—一九四一）の『恋愛と贅沢と資本主義』は、「女性崇拝と砂糖の結合は、経済史的にはきわめて重要な意味がある。なぜなら——女が優位にたつと砂糖が迅速に愛用される嗜好品になり、しかも砂糖があったために、コーヒー、ココア、紅茶といった興奮剤がヨーロッパでいちはやくひろく愛用されるようになった」と、女性の好み、女性崇拝、砂糖の普及、の三者を結びつけて考えている。砂糖の日用品化は、甘味を熱愛する女性を中心とする強い需要に支えられ、新たな食品の結合がつくりあげられたのである。日本では和菓子を媒介として砂糖が緑茶と結びついたが、ヨーロッパでは紅茶、コーヒー、ココアなどの嗜好品《しこう》が砂糖と結びついた。ハンドバッグ、時計などのブランド品の嗜好と砂糖、紅茶、コーヒーの嗜好は相通じるところがある。紅茶やコーヒーや砂糖は、「ステータス・シンボル」として持てはやされたのである。ステータスを求める「見栄」は、人間の基本的な欲望の一つなのかもしれない。

一八世紀になると中国の紅茶が大規模にイギリスに輸入され、砂糖と結びつけられた。紅茶は庶民の間にも浸透し、イギリスの国民的飲料の座に就いたのである。ちなみに各国の茶の呼称を調べてみると、チャ（cha）系とテ（tay）系の二つに分かれる。前者は広東語に由来し、後者は福建語に由来している。広東、福建は共に海外貿易の拠点だったが、元代には福建の泉州《せんしゅう》（ザイトゥーン）が、唐・宋・明・清代には広東の広州《こうしゅう》（広東）が中心貿易港だった。

広東語のチャ系の呼び名を用いている地域を拾ってみると、インド（cāy）、ペルシア（chāy）、アラビア（shāy）、トルコ（cay）などの伝統的な「海の道」に沿った地域が浮かびあがる。また、チベット（ja）、ロシア（chai）など、内陸部に位置する地域もある。

他方、福建語のテ系は、中国の対外交易が頂点に達した元代の泉州の大きなネットワーク、一七世紀に台湾に進出したオランダとの深いかかわりをもっている。そのために、インドネシア（te）、スリランカ（thea）というような中国人の交易拠点がテ系になっており、ヨーロッパでは、オランダ（thee）から茶が伝えられたフランス（the）、イギリス（tea）などがテ系である。古い時代から茶に親しんでいた日本には、チャ系とテ系の両方の呼称が伝わった。茶《ちゃ》という呼び名は勿論《もちろん》チャ系であるが、喫茶《きっさ》の「サ」は「テ」が変化したテ系と考えられている。このように茶に二系列の名前があることから、茶の伝播の二大拠点があり、複数の茶の伝播ルート（ティー・ロード）があったことが分かる。

ヨーロッパに中国から最初に茶をもたらしたのはオランダ人で、一六一〇年頃であった。その頃の茶は、ボケ防止や風邪の薬と考えられており、需要は限定されたものであった。オランダ人が輸入した茶は、福建のウーロン茶、武夷《ぶい》茶（武夷山で栽培される茶）と浙江の緑茶、天台茶（天台山で栽培される茶）だった。イギリスでは、やがて武夷茶が最も好まれるようになる。

清代の中国では、半発酵のウーロン茶が好まれた。一八世紀になると、イギリスで茶は砂糖と結びついて大ブレークしたが、その時に飲まれた茶は紅茶だった。紅茶は、完全発酵の茶で、中国ではくず茶の部類に属し安価だったために、輸入しやすかった。濃い紅茶が、肉食文化に合ったのだという説もある。ちなみにウーロン茶など発酵させた茶葉は黒色をしているので、中国では「黒茶」と呼ばれた。英語で、紅茶のことをブラック・ティーというのはそのためである。

なぜイギリス人は紅茶好きか?

名誉革命(一六八八―八九)後にオランダから夫とともにイギリス王として招かれたメアリ(一六六二―九四)は、オランダからの紅茶と陶磁器の移入に努め、次いでアン女王(一六六五―一七一四)は朝食に紅茶を飲む(モーニング・ティー)習慣をイギリスにひろめた。一八世紀のイギリスでは、茶は麻薬と同じで飲み続けると中毒になるという説と、茶は多数の病気に対する薬事作用があるという説の間で論争が繰り広げられたが、飲茶の習慣はひろがる一方だった。しかし茶に高額の消費税が課されたこともあり、一七世紀末の茶の輸入量は年間三五トンから四五トンというように少量に過ぎなかった。

一八世紀、広州の対清貿易はイギリス東インド会社が独占するが、圧倒的な比重を占めるのが紅茶であり、イギリスにおける喫茶の大衆化が一挙に進んだ。一八世紀初頭に東インド会社が買い付けた茶葉の六分の五は緑茶だったが、一七四〇年代になると紅茶の輸入が激増した。一六八〇年から一七四〇年にかけての輸入の激増で紅茶の価格は八分の一にまで低下し、折から大衆化していた砂糖と紅茶がタイミングよく結びつくことになる。東インド会社の茶の輸入量は、一七二〇年代の年間四〇〇〇トンから一七五〇年代の年間一万六〇〇〇トンに激増し、茶はひろい階層で飲まれるイギリスの国民飲料となった。西インド諸島の砂糖と中国の紅茶が、イギリスの食文化に深く浸透したのである。ちなみにトム・コーヒーハウスを経営していたトマス・トワイニングが茶の卸し売りを始めたのは一八世紀初頭である。一七一〇年代にトワイニングから茶を購入した約九〇〇人の顧客リストが、現在も残されている。

一七六〇年代以降産業革命が進行すると、労働者のための安価な飲み物としてマゼモノを加えた紅茶が大量に出回るようになった。茶商人が安い紅茶にマゼモノをすることは日常茶飯事で、本物七に対して四の割合で偽物の紅茶が出回った。「茶に混ぜものをすること」を意味する「スマーチ」という新造語が出現するほどだったのである。

アフタヌーン・ティーの習慣が始まる一八四〇年代になると、使用済みの紅茶を着色して新茶と混ぜて売り出すことも盛んに行われた。出がらしのまがいものである。年間三万六〇〇〇トンもの使用済み茶葉がその目的で回収されたという。

アメリカ人が紅茶嫌いになった理由

ヨーロッパで紅茶を飲む習慣がひろまると、唯一の紅茶輸出国、中国からの輸出量は一挙に増加した。財政難のイギリス政府は紅茶の流行に目をつけ、二〇〇パーセントにおよぶ重税を課して主要な財源にする。

アメリカの一三植民地でも、本国の影響で紅茶を飲む習慣がひろまった。しかし、高い税が課された紅茶の販路は、狭かった。ボストン港などの密貿易商人の紅茶がシェアの四分の三を占め、イギリスから正規の手続きにより輸入された紅茶はわずか四分の一に過ぎなかったのである。フレンチ－インディアン戦争（一七五五－六三）でフランスを北アメリカから排除するのに成功したイギリスは、戦争による財政の行き詰まりを打開し、植民地駐屯軍の費用を捻出するために戦後一連の課税政策をとった。

英本国から再輸出される紅茶の関税を廃止する一方で、他の地域から植民地に輸入される紅茶への課税を強化したのである。その結果、一時的にイギリスの紅茶が植民地で優位に立つが、植民地商人が税金のかからない紅茶の密輸を強化したために本国からの輸入はやがて減少に転じた。

一七七三年、イギリス政府は売り上げ不振で紅茶の大量在庫を抱えた東インド会社を救済するために茶法を制定し、東インド会社が抱える大量の茶葉をロンドン相場よりも安い値段で優先的に植民地に売却することにした。叩《たた》き売りである。ところが、植民地でも紅茶はだぶついており、危機感を強めた紅茶の密貿易商人を中心に、東インド会社の紅茶の陸揚げ阻止を叫ぶ運動がボストン港中心にひろがった。サミュエル・アダムズなどが組織した政治結社「自由の息子たち」が、本国からの安価な紅茶を阻止する運動の中心になったのである。

一七七三年一二月、紅茶を満載した東インド会社の三隻の帆船が風の具合から目的としていたニューヨークからはずれて密貿易の中心であるボストン港に入港した。ボストンの密貿易商人にしてみれば、本国政府のあからさまな挑戦である。そこで、インディアンに変装した約九〇人の急進派が停泊していた東インド会社の船に乗り込み、「ボストン港をティー・ポットにする」と叫びながら三四二箱の紅茶を海中に投げ捨てるというボストン茶会事件が起こった。

イギリス本国は、事件後同様の騒動がチャールストン、フィラデルフィアなどにひろがるなかで力ずくの対抗策をとり、ボストン港の閉鎖、本国軍によるマサチューセッツ植民地の直接統治などの強硬策に出た。植民地側も実力でこうした本国の動きに対抗する。一七七五年、本国軍がコンコード市のミニッツマン（植民地の民兵）の武器庫を摘発すると、それを阻止しようとした植民地軍との間にレキシントンで武力衝突が起こり、アメリカ独立戦争（一七七五―八三）が勃発《ぼっぱつ》する。植民地軍はフランスの支援を受けてなんとか独立を達成した。しかし無理な支援が祟《たた》って財政が破綻《はたん》したフランスでは、一七八九年にフランス革命が始まる。アメリカ独立戦争とフランス革命は「近代市民社会」成立の契機になる出来事だが、ヨーロッパと北アメリカでひろく飲まれていた紅茶に対する課税問題がそもそもの大変動のきっかけだったのである。

西欧化したイスラームの嗜好品コーヒー

紅茶がイギリス圏で愛飲されたのに対し、大陸諸国で普及したのがコーヒーだった。コーヒーを飲む習慣は一七世紀にイスラーム世界からヨーロッパに入り、ロンドンなど主要都市ではコーヒーハウスが軒を連ねた。一七世紀後半には、ロンドンのコーヒーハウスだけでも三〇〇〇軒を数えるほどであったという。しかし、コーヒー豆の産出地は南アラビアのイエメン地方に限られており、ヨーロッパ人はアラビア半島南部の港モカからコーヒーを輸入するしかなかった。「モカ」は、最も古いコーヒーの銘柄である。コーヒー豆の独占売買で巨大な利益を得ていたイスラーム商人は、利益を守るためにコーヒーの種、苗を海外に持ち出すことを防止する政策をとった。つまり、熱湯に浸して発芽できなくなったコーヒー豆だけを輸出していたのである。

利に聡《さと》いオランダ人は、コーヒーの商品価値に目をつけた。亜熱帯産のコーヒーの植民地での生産に、大きな利益を見込んだのである。そのためには何とかしてコーヒーの生豆をモカ港から持ち出すことが必要になる。そこでオランダ人はコーヒーの生豆を密《ひそ》かに持ち出し、一六五八年にセイロン島、一六九六年にジャワ島で栽培を始めた。しかし、洪水や地震により栽培はあえなく失敗に終わってしまう。

大衆化した砂糖と結びつくコーヒーの需要は増す一方で、栽培に成功すれば多くの利益が見込めることは明らかである。そこで一八世紀になると、オランダ人はジャワ島での栽培を再開し、収益をあげるのに成功した。しかし、異なる風土に新しい作物を根付かせるのは難しい。一九世紀後半になると、銹病《さびびょう》が発生しセイロン、ジャワのコーヒーが全滅してしまった。イスラーム世界のコーヒーを、アジアの植民地で大量に栽培してヨーロッパに送り込もうとしたオランダの戦略は、結局挫折《ざせつ》に終わったのである。

一七〇六年、ジャワ島からアムステルダムの植物園に一〇〇〇本以上のコーヒーの苗木(元々はモカのコーヒー)が移植された。新たな移植地の「開発」に備えたのである。一七一四年、その苗木の一部がアムステルダム市長からフランスのルイ一四世に寄贈された。フランス人は、その苗木を育て、一本をカリブ海のマルティニク島に移植した。ところがたった一本のコーヒーが、意外なひろがりをみせる。一七二八年になると、マルティニク島の苗木がジャマイカ島に移植され栽培が拡大する。それが「ブルーマウンテン」として後世に名声を博すコーヒーなのである。

本家のオランダもアムステルダム植物園のコーヒーの苗木を、一七一八年に南米のフランス領ギアナに、一七二七年にはブラジルのパラに移植した。ブラジルでは、その後南部のリオデジャネイロ周辺にコーヒー農園がひろがり、一八〇八年以降世界最大のコーヒー産地になっていく。ブラジルは現在でも、世界のコーヒーの四分の一から三分の一を産出するコーヒー大国である。イスラーム世界のコーヒーは、このように砂糖の主産地ブラジル、西インド諸島で大量に栽培され、ヨーロッパの需要を喚起した。現在でも、ブラジル、コロンビアを中心とする南アメリカがコーヒー生産の大半を占めており、アフリカと中央アメリカがそれに次ぐ。イスラーム世界のコーヒーは、一八世紀にヨーロッパ人の手で「新大陸」で大量に生産され、ヨーロッパを代表する一大嗜好品《しこう》になったのである。

第七章

「都市の時代」を支えた食品工業

I　加工食品で変身する食の世界

都市時代の足音

一八世紀末に起こったイギリスの産業革命（一七六〇年代）、フランス革命（一七八九—一八〇四）はヨーロッパで同時期に並行して起こった社会変革であり「二重革命」と呼ばれるが、経済、政治の両面で人類社会を大きく変えることになる出来事だった。二つの革命を経ることでパワフルになったヨーロッパを中心に、一九世紀から二〇世紀前半にかけて地球規模での新しいシステムづくりが進んでいく。

産業革命後の変化を簡単にまとめてみると、

一．食品も含めて工業製品が人々の生活の中心部分に位置付けられるようになったこと
二．「生産の場」として生れ変わった都市の人口が急激に増加したこと
三．都市の富裕層の勢力が強まったこと
四．「国民国家」というシステムが社会の基礎単位として地球規模でひろがったこと
五．鉄道と蒸気船のネットワークが地球規模で張りめぐらされたこと

六．優れた火器を背景にヨーロッパ勢力のアジア・アフリカへの進出が本格化したこと
七．ヨーロッパ人の世界各地への大規模な移住が進んだこと
などとなる。

ヨーロッパを中心に世界が再編されるなかで、ヨーロッパ人は世界各地の食材を取り込み、一挙に「新しい食文化」を開花させた。都市爆発の時代に合致する食の変化である。一九世紀後半に本格化した鉄道と蒸気船による地球規模の高速・大量輸送、冷蔵船の開発、低温殺菌による食品加工、カン詰産業の成長が、ヨーロッパの都市の膨張を助けた。北アメリカ中央部のプレーリー（草原）や南アメリカのパンパ（大草原）で生産された安価な穀物や食肉が蒸気船や冷蔵船でオーシャンを渡り、大量にヨーロッパにもたらされたのである。ヨーロッパは、「新大陸」やオーストラリアを大食糧庫に変え、テーブルを豊富な食材で満たした。生活必需品だけではなく、贅沢な食材も次々に「開発」され、富裕層の間では「美食」がもてはやされるようになった。

ヨーロッパ都市の膨張は凄《すさ》まじい勢いで進み、一九〇〇年には人口百万を超える都市が九つも数えられるようになる。しかし自ら食糧を生産しない都市が、膨大な人口を養うには新しいシステムが必要になる。食糧保存技術が開発され、食の工業化が求められるのは、時代の趨勢《すうせい》だった。世界諸地域から集められた食材が加工され、商品として大挙して食卓に進出したのである。人工的な食品の激増は、人間の舌を大きく変えていく。食品添加物

が、食品の一部分に組み込まれる時代の到来である。

食品の工業製品化による食卓の世界の大きな変化が、「食の第三次革命」である。しかし、食品業者のなかには粗悪な混ぜものを混入させて利益を追求する者も多く、大きな社会問題が生み出されることになった。

一九世紀後半はヨーロッパが世界を従属的に一体化していく時代であり、各地からヨーロッパに食材が集中しただけではなく、ヨーロッパの食文化がアジア・アフリカに浸透した時代でもあったのである。

レストランを生み出した煮込み料理

ヨーロッパでは「美食」が持て囃《はや》され、大都市の繁華街では、レストラン、飲食店が多くの客を集めて賑《にぎ》わいをみせた。レストラン、飲食店が普及するのは、都市化が急速に進行した一八世紀末以降である。都市が急激に膨張し、都市住民が貨幣で生活するようになったことが、レストラン、飲食店が著しく増加した理由である。

ヨーロッパでは、飲食店の起源が宿屋に求められている。飲食店はもともとは宿泊施設の一部だった。四世紀以降出現した宿泊施設は、軍隊の駐屯地を意味するゲルマン古語「ヘルベルゲ（herberge）」から派生した「オーベルジュ（auberge）」という名で呼ばれている。中世都市が成長する一三世紀頃になると飲食専門の居酒屋が分離するが、それはオランダ語で「部屋」を意味するカブレット（cabret）に由来する「キャバレー（cabaret）」という名で呼ばれ、もっぱらワインが提供された。

産業革命後に都市が爆発的に成長すると、有産市民にショーを楽しませる大型店が出現し「キャバレー」の名で呼ばれた。「キャバレー」の中味が変わったのである。それに対して近世以降の大衆的な居酒屋は「ビストロ」と呼ばれる。イギリスでは、中世には「エールハウス」、近世になってからは「パブリックハウス」という居酒屋が出現する。現在の居酒屋は、パブリックハウスの略で「パブ」と呼ばれている。

レストランの起こりは、フランス革命の約三〇年前である。それまでは本格的なレストランはなく、外食できる場所は宿屋、居酒屋などに限られていた。一七六五年、パリのプーリ通りでブーランジェというパン屋が牛肉、羊の肉、去勢鶏《どり》、ハトのひな、山ウズラ、タマネギ、大根、ニンジンなどが入った「レストラン」という名の煮込み料理を売り出して爆発的な評判を博した。それ以来、この料理の名前が新しくひろがりつつあった料理店の代名詞になっていくのである。

「レストラン」は「元気を回復させる」という意味なので、さしずめスタミナ・スープということになる。一七八六年になると法令が出され、料理と飲み物を提供する店を「レストラン」と呼ぶことが定められた。精力回復の料理が、新しく出現した飲食店の名称になったのである。ブリア＝サヴァランは、料理に一つずつ値段がつき、客の注文により料理が出される店が「レストラン」であると定義付けている。レストランは、それまでの宿屋や居酒屋とは違って心地よい豪華な室内で落ち着いて食事ができるところに特色があり、都市の富裕層が顧客になった。

フランス革命で国王ルイ一六世が処刑され、貴族の特権が奪われると、国王や貴族が召し抱えていた膨大な数の料理人が職を失った。そこで彼らは各地でレストランを開き、革命の後に擡頭《たいとう》した都市の富裕層を顧客として成功を収めた。北山晴一氏の『美食の社会史』は、「革命前に五〇軒以下であったパリのレストランは、四〇年後の一八二七年には約三〇〇〇軒に達し、毎日六万人ものパリ市民の食事をまかなうことになった」と、レストランの急速な普及ぶりを指摘している。

フランス料理は、一七世紀半ば以降宮廷料理を中心にして洗練の度を増し、一八世紀中頃にはオート・キュイジーヌ（haut cuisine）と呼ばれる洗練された味を確立した。食材、料理法、食事作法などが洗練化されてフランス料理の原型が形成されたが、何といってもフランス料理の優位性は磨きのかけられたソースにあった。洗練されていく味が、庶民の間にひろまったのである。

また料理人がかぶる独特の白い帽子は、当時名料理人といわれたカレームが、客が被《かぶ》っていた白い帽子が魅力的だったところからまねてかぶるようになり、それが料理人仲間にひろまったものとされる。職業人としての料理人のスタイルが、できあがったのである。

一九世紀初頭には、パリだけでも五〇〇以上のレストランが開店していたというから大変な盛況である。レストランで、それぞれの料理を一皿ずつ客に順番に取り分ける「ロシア式給仕法」が普及したのも一九世紀になってからのことである。

フランス料理の基礎を確立した先のカレームは、焼き肉屋で働いているところを外交官タレーランに見いだされて引き抜かれ、イギリス王室、ロシア王室の料理長を歴任した後、ユダヤ人の大資産家ロスチャイルド家の料理人になった。食文化の洗練がセンスのある料理人を発掘し、そうした料理人が美食の体系を整えていったのである。

2　封じ込まれた腐敗

食糧保存の革命者アペール

都市で多くの人々が肩を寄せ合って生活するようになると大量の食材が必要になり、食品を腐敗から守るという食の世界の大命題が新たな課題として蘇《よみがえ》った。そうした問題が最初に切実になったのが、徴兵制により集められた沢山の兵士の軍糧を確保せねばならない軍隊だった。当時は新鮮な食品をそのまま保存する方法がなく、もっぱら乾燥、塩蔵、燻《くん》製《せい》などに頼るしかなかったが、ナポレオンは軍隊の士気を鼓舞するためには、栄養豊富で新鮮な食品を大量に供給する必要があると痛感したのである。一九世紀は、ナショナリズムで身を固めた国家間の大規模な戦争が繰り返された時代だった。徴兵制による膨大な軍隊が、大国フランスを支えたのである。過密化した都市の住民に新鮮な食品を供給する技術の開発が、大量の兵士からなる軍隊のニーズに応《こた》えるかたちで進められていくことになる。

ナポレオンの要請を受けたフランスの総裁政府は、新鮮な食糧を長期保存するためのアイデアを一万二〇〇〇フランの懸賞金を掛けて募集した。入選したのは、ビール醸造業者出身の糖果商人、菓子職人のニコラ・アペール（一七四九—一八四一）だった。

彼は試行錯誤の末、一八〇四年にガラス瓶に鍋《なべ》で加熱した食品を入れてコルク栓で密封した後、湯煎《ゆせん》鍋に入れて一〇〇度の温度で三〇分ないし六〇分加熱して殺菌する「ビン詰」の方法を考え出した。アペールは、腐敗の原因が「空気」にあると考え、脱気による食品の長期保存を試みたのである。

提出した試作品が一三〇日間航海した後も変質しないことが海軍に確認され、アペールは見事に懸賞金一万二〇〇〇フランを獲得した。当時の新聞は、「アペール氏は季節をつかむ技法を発見した。——彼は瓶のなかに春や夏や秋を生かしている」と報道している。

アペールは、その後も食品保存技術の研究を続け、一八二二年には「人類の恩人」という称号を得た。社会的使命感に燃えたアペールは特許を申請せず、懸賞金もすべて新たな研究に注ぎこんだ。彼が考案した加熱による殺菌という画期的な保存技術は、彼の名を冠して「アペルティゼーション」と呼ばれ、食の世界に大きな可能性を賦与するものであった。

アペールの研究で、食材の高温処理が保存に有効なことがあきらかにされたが、当時の技術では湯煎鍋を用いるしかなく、沸騰点を一〇〇度以上に上げることはできなかった。アペールが九一歳で世を去った後、一族の手でビン詰技術の改良が進められ、一八四五年になるとアペールの甥《おい》のシュヴァリエ・アペールが一〇〇度以上の加熱殺菌ができるオートクレーブ（蒸気式レトルト）を発明した。その結果、一〇〇度以上での加熱殺菌がなされるようになり、技術は更に進歩する。ビン詰、カン詰こそが、一九世紀の食品加工のチャンピオンになったのである。

茶筒からヒントを得たカン詰

フランスの好敵手の海軍国イギリスでも、アペールの方法にヒントを得て、食品保存の研究が進められた。一八一〇年、日本からもたらされた茶筒にヒントを得たイギリスの卸売商人ピーター・デュラントはアペールの技術を改良し、錫《すず》の小箱を使った食品保存の方法を海軍のために考案し特許を得た。デュラントは、カン詰製造をビジネス化したのである。

カン詰は、鉛でつくった缶の表面に薄い錫箔《はく》を張り、加熱殺菌した食材を入れた後に、錫メッキして腐食を防ぐものであった。缶のなかに蒸気を入れながら食材を入れ、フタをハンダ付けにより密閉すると、冷却後に缶の内部が真空状態になり腐食が防げるのである。その後、彼は殺菌用の熱湯に塩化カルシウムを加えることで温度が摂氏一〇〇度を超えるようにし、加熱効率を一挙に上げた。

一八一二年、世界で最初のカン詰工場がブライアン・ドンキンの手で創設され、イギリスで操業を開始した。しかし当時のカン詰のラベルには、「ノミとオノで開けてください」と書かれており、日用化するには程遠かった。肝心のカン切りが、なかったのである。米英戦争（一八一二—一八一四）が起こるとイギリス軍は遠く離れたアメリカの戦地でカン詰を使い、その有用性が実証されることになる。以後、カン詰は急速に普及する。

カン切りという偉大な道具

アメリカ合衆国でも、南北戦争（一八六一—六五）の際に北軍兵士の携行食品としてカン詰が大量に利用された。カン詰が、北軍を勝利に導いたともいわれるほどである。アメリカでは、当時年に約四〇〇〇万個ものカン詰が生産されていた。南北戦争で有用性を認められたことでカン詰の消費量は、一挙に増加する。しかし、当時はカン詰を簡単に開ける技術が開発されておらず、消費の拡大にはカン切りという新たな道具の開発が必要になった。南北戦争時のカン詰は、先の尖《とが》った銃剣で力まかせに穴を開けるか、軍用ナイフで切り裂くしかなかったのである。モノが普及するには、使い勝手のよさが決定的な意味をもつ。カン詰が、食卓の世界にひろまるには、カン詰を簡単に開ける方法の開発が必要条件であり、簡単にカン詰を開ける道具が切実に求められた。そうしたなかで、南北戦争後の一八七〇年にカンのヘリに押し当て、回しながら蓋《ふた》を切っていくカン切りがウィリアム・ライマンにより発明され、一挙にカン詰は市民権を獲得することになる。国土がとてつもなくひろく食糧を買い溜《だ》めしなければ生活できないアメリカでは、カン詰が急速に食卓を席捲《せっけん》した。アメリカがカン詰大国になるには、それなりの理由があったのである。

二〇世紀に入るとアメリカは世界最大のカン詰生産国に変身した。一九三五年以来の四〇年間に約七七五〇億個のカン詰が製造されたとされる。ビン詰、カン詰は、初期の食品産業の花形になるのである。

都市でも牛乳が飲める！

産業革命後には、多くの都市民のための生鮮食品の確保が大問題となった。ビン詰、カン詰の出現にみられるように、一九世紀は食品保存技術が飛躍的に改良された時代なのである。

従来から行われていた塩蔵（ニシン・タラなどの塩漬け、ハム）、酢の使用（ピクルス類）、砂糖の使用（ジャム類）などの伝統的な食品保存技術が急速に工業化し、更に多くの技術が開発されることになった。一九世紀前半に化学者リービッヒ（一八〇三―七三）により乾燥・保存食が開発され、一八五六年にはゲイル・ボーデンによりコンデンス・ミルクが発明された。一八六九年には、フランス人のメージュ・ムーリエがバターの代用品であるマーガリンを発明している。伝統的食品を工業技術により模倣する代用食品の登場である。

牛乳は、インド世界、ヨーロッパ世界などで乳酸飲料、バター、チーズとしてひろく利用されてきたが、腐敗し易い牛乳そのものは現地でしか飲めなかった。生の牛乳が都市で飲めるようになったのは一九世紀後半以降のことである。今では当り前になってしまったが、牧場から遠く離れた都会で生の牛乳が飲めるのは、じつに画期的なことだったのである。

腐敗防止が、生の牛乳がひろく飲用されるための必要条件だった。腐敗防止の技術を開発するには、まず腐敗のメカニズムが解明されなければならない。フランスの医学者、科学者ルイ・パストゥール（一八二二―九五）は一八六一年に、白鳥の首の形をしたフラスコに入れた肉汁を煮沸するとモノが腐らないことを確かめ、空気中の微生物が腐敗、発酵の原因であることを明らかにした。先にアペールが経験的に開発した技術を、科学的に裏づけたのである。その結果、食品保存の発想はアペールが行った「脱気」から、「微生物の殺菌」へと劇的に変化した。カン詰製造の方法も、パストゥールの原理により組み換えられることになった。

一八八〇年に、パストゥールはアペールの技法を応用した低温殺菌法（彼の名前をとって「パスチャライズ」と命名）を開発した。牛乳を摂氏六〇度で三〇分間加熱することによる低温殺菌の方法が開発されたのである。その結果、殺菌された牛乳が都市で簡単に味わえるようになったのである。

「ミルク・ティ」はなぜお洒落か？

一九世紀中頃にフランスのフェルディナン・カレ（一八二四―一九〇〇）、シャルル・テリエ（一八二八―一九一三）により冷蔵庫が発明された。食品を長期間保存するために液体アンモニアを利用する冷凍技術の開発である。一八五九年の万国博覧会に、カレは人工製氷機を出品して好評を得る。一八七八年になると、冷蔵船によるアルゼンチンからの大量の牛肉のヨーロッパへの運搬が成功し、遠隔地からの生鮮食品の大量輸送が可能になった。ヨーロッパの大都市が、「新大陸」の食糧庫に依存できるように変わったのである。それは同時に、牛肉が大衆化する時代の始まりだった。「新大陸」の広大な牧場で育てられた肉牛の膨大な量の肉塊が、安い値段でヨーロッパの食卓に登場したのである。

蒸気船と同様に鉄道も、生鮮食品の広範な流通を可能にした。たとえばフランスでは、ナポレオン三世（位一八五二―七〇）の下で鉄道建設が急速に進み、鉄道の総延長距離は一八四五年の八八八キロから一八六五年の一万三五六二キロというように約一五倍に延びた。

低温殺菌、冷蔵、鉄道輸送が結びつくことで、都市住民は多くの生鮮食品を味わうことができたのである。安い価格で飲めるようになった新鮮な牛乳は、そのシンボルといえる。以前は、周辺の農村から馬車で運ぶ以外に方法がなく、半径四キロから五キロの近郊からしか運べなかったが、鉄道により遠く離れた地域から低温殺菌された牛乳が大量に運ばれるようになったのである。都市住民は、沸かした湯で入れるコーヒー、紅茶のほかに、生の牛乳という滋養分に富む新鮮な飲み物も飲めるようになった。コーヒーや紅茶にミルクを入れる習慣は、砂糖を入れるよりも斬新なファッションだったのである。

イギリスでもドイツでも、フランスと同様に一九世紀末から二〇世紀初頭にかけて牛乳が健康飲料としても飲まれるようになり、二〇世紀初頭には、両国の個人牛乳消費量は年間一〇〇リットル近くに達した。

こうした新しい食品群の出現は食卓の劇場の現況から考えると何ということもないことだが、自然界から得た食材をそのまま、或いは小規模に加工して食べていたそれまでの長い食の歴史を考えると、まさに驚天動地の出来事だったのである。

3　進む食の世界化

西洋料理としてのカレーライス

一九世紀後半は、産業革命、交通革命などを経て圧倒的な力を獲得したヨーロッパ諸国が強引にアジア、アフリカ諸地域を植民地に変えていった時代だった。ヨーロッパ諸国はアジアを「停滞」した地域とし、そうした地域に「文明」をもたらすと強弁したが、それは強力な武力による侵略に外ならなかった。その過程でヨーロッパ諸国は従属させた植民地から多くの食文化を吸収し、食卓を豊かに彩った。多彩な食文化が世界各地から移植され、ヨーロッパ的に加工されたのである。その代表的な例として、イギリスが植民地インドから取り入れたカレーとウスターソースがあげられる。

日本では、幼稚園児から老人までのあらゆる年齢層でカレーライス（古くはライスカレーといわれた）が好まれている。平成一一年度の農水省統計によると、日本国民は年間六四回もカレーを食べているという。デパートやスーパーの食品売り場には多種多様なカレーのレトルト食品が溢《あふ》れ、多くの食堂のメニューをカレー料理が彩っている。日本に伝えられた人気料理カレーライスのルーツをたどっていくとイギリスから植民地インドにたどり着く。しかしカレーライスは、「西洋料理」として日本に入ったのである。

カレーライスを最初に日本に紹介したのは、福沢諭吉であった。一八六〇（万延元）年に書かれた『華英通信』には、カレー（curry）の語が記されている。一八七二（明治五）年には、カレーライスのつくり方も紹介された。複雑で魅惑的な味が評判を呼び、日清戦争後には庶民の間にカレーライスが流行する。夏目漱石の小説『三四郎』にもカレーライスが登場している。カレーライスは、西欧風の異国料理として流行し、大正四年には早くもカレー粉の製造が始まった。われわれになじみ深いカレーライスが日本の食文化として定着するのは大正時代であるが、それは、カレーとヨーロッパ風の煮込み料理シチューの合体だった。日本のカレーライスは、イギリス料理とインド料理が混合した料理だったのである。

ところでインドの米と「カレー」と呼ばれる調味料を持ち帰り、料理としてのカレーライスをヨーロッパに紹介したのは、一七五七年のプラッシーの戦いでベンガル太守と提携してフランス東インド会社軍を破り、ベンガル地方の徴税権を獲得した東インド会社のウォレン・ヘースティングス（一七三二―一八一八）だった。彼は、後に初代のベンガル総督になっている。ちなみにカレーの語源となるタミル語のカリは「香辛料を調合したソース」の意味である。

インディカ種のコメにターメリックで色をつけた調味料カレー、ジャガイモ、タマネギや肉を混ぜて長く煮込んだ汁（シチュー）をかける「カレー」とカレー味のスープ「マリガトーニスープ」はイギリス国内で大評判を得た。やがて、クロス・アンド・ブラックウェル社（C&B社）が、世界で最初にカレー粉を商品化する。カレーに「とろ味」を出すために小麦粉を入れるルー（roux）の手法は、ソースを重んじるフランス料理の手法を取り入れたものであった。ルーは、小麦粉をバターで炒めたものを、牛乳やスープでのばしてつくるソースである。カレーはフランスにも伝えられ、リ・オ・カリ（riz au cari）と呼ばれる料理になっている。

フランスには無数のソースがあるのに対して、イギリスには一つのソースしかないといわれる。もともとイギリスには食材の旨《うま》みを煮出してソースにするという発想がなく、テーブル上の塩と胡椒《こしょう》で料理に味をつけるのが一般的だった。日本料理における醬油《しょうゆ》とよく似ているが、イギリスの唯一のソースが、ウスターソース（worcestershire sauce）である。しかしこのソースは、もともとイギリスにあったものではなくインドの調味料からヒントを得て、植民地インドの調味料を変形したものだった。その意味で、ウスターソースはカレーライスと同じ性格をもっているのである。

一九世紀末にインドに旅行したイギリス人貴族が植民地のインドから魚醬を主原料とするソースのレシピを持ち帰り、リーとペリンという二人の薬剤師にソースの製造を依頼した。二人は西南部ウスターシャー州でアンチョビ、野菜、果汁などを加えたソースをつくったものの、円熟した味をどうしてもつくり出せなかった。二人は失敗したと思って樽を放置したが、数年後に再度味見をしてみると、まろやかに熟成された旨いソースに変わっていた。発酵が、「魔法の杖」になったのである。このソースはウスターシャーの地名をとって「ウスターソース」と呼ばれ、リー&ペリン社の手で世界にひろめられた。日本でも単に「ソース」というと、このウスターソースを指す。ウスターソースは、アンチョビ、モルトビネガー、糖蜜などに二〇種類以上のスパイスを加えて発酵させた複雑な味のソースである。

和魂洋才の「すき焼」

ヨーロッパ勢力が進出する一九世紀のアジアには、ヨーロッパ固有の食材と食文化が持ち込まれた。

明治維新以降、「文明開化」を合言葉に西欧文明の積極的受容に努めた日本にも、当然のことながらヨーロッパの食材が持ち込まれた。そのなかで最もシンボリックなのが、獣肉を食べることをタブー視していた日本人に大きなショックを与えた牛肉である。牛肉は、その異質性の故に「文明開化」のシンボルとして位置付けられたのである。

牛肉はハイカラな食材として注目されたが、何よりも美味だった。和洋の食文化の折衷が進み、鍋物《なべもの》とも焼き肉とも断じがたい日本固有の牛肉料理が生み出されていく。日本の料理という様式のなかに牛肉という新しい食材が組み込まれたのである。自らの文脈に組み替えて異質文化をとり込むことを、「文化変容」という。ちなみに日本では、五五二年の仏教伝来以降、牛、馬を食べることは忌むべきこととされた。七九一年には、「伊勢、近江、若狭、越前の百姓牛を殺して、漢神を祭ることを断たしむ」という禁令が出される。日本の食文化は、牛肉との関係を断ったのである。

その後一〇〇〇年以上の歳月が流れ、牛肉を食べる試みは一八五六年にアメリカの海軍提督ペリーが下田《しもだ》の宿舎、玉泉寺《ぎょくせんじ》境内で牛を処理することで再開された。日本が開国されて、神戸、横浜などの居留地に外国人が住み着くと、牛肉の需要は増加する。欧米人の移住に伴い、異質な食文化の移入が進むのである。牛を解体する習慣が日本になかったために外国人は最初は船上で牛を解体していたが、一八六六年以降、六甲山《ろっこうさん》の北麓《ほくろく》の三田《さんだ》地方で牛を肥育し、神戸で処理するようになった。それが神戸牛である。神戸牛はやがて横浜、東京にも送られることになった。

一八六七年に東京芝で「中川」という牛鍋屋が開業すると物珍しさもあって大繁盛し、関東ではそれ以後牛鍋が大流行した。牛鍋は牛肉をネギ、豆腐などと一緒に平鍋で煮ながら食べる料理である。関西では、農家で使いふるした犂《すき》の上で肉を焼いたことから名がついた「スキヤキ」が流行した。牛鍋とスキヤキは、文明開化を象徴する食べ物として大流行する。いずれも脂で牛肉を焼き、醬油とネギなどを加えた折衷料理だった。醬油とネギなどの野菜を加えながら牛肉を煮る料理は、焼き肉とも鍋とも断じがたい日本的な料理なのである。

仮名垣魯文《かながきろぶん》の『牛店雑談《うしやぞうだん》 安愚楽鍋《あぐらなべ》』や坪内逍遙の『当世書生気質《かたぎ》』にみられるように、明治維新には牛鍋が大流行する。『安愚楽鍋』は、「士農工商老若男女。賢愚貧福おしなべて。牛鍋食はねば開化不進奴《ひらけぬやっ》」とも記している。新しモノ好きの、日本人らしい表現である。しかし、新しいと思われた料理法は、鹿、猪、馬を用いた紅葉《もみじ》鍋、牡丹《ぼたん》鍋、桜鍋などの延長線上に位置する伝統的料理法に過ぎなかった。新しい食材が、伝統的な料理法を蘇《よみがえ》らせたのである。

坂本九が歌った「上を向いて歩こう」という歌が、アメリカで「スキヤキ・ソング」という名で大ヒットしたことでも分かるように、スキヤキは日本の鍋料理の代表選手になり上がっていくことになる。

日本の鍋料理には、湯豆腐、水タキ、タラチリなどの食材を湯で煮る「チリ鍋」、うす味で具とともに汁も飲む「寄せ鍋」、濃い汁を使う「スキヤキ」を基本形とし、多様なヴァリエーションがある。鍋料理が少ない他国の料理と際だった違いをみせているのである。鍋料理は、日本を代表する食の様式なのである。鍋料理が発達した理由は、

一・油をあまり使わずに水を用いる

二．調味料として醬油、味噌《みそ》を用いる
三．具に魚介類を用いることが多い

などの点で日本の食文化の個性と合致していたためである。明治初期の牛肉は約六〇〇グラムが一六銭で、当時の物価からすると非常に高価だった。当初スキヤキは、高級料理だったのである。

第一次世界大戦後の好況で、日本の牛肉需要は大幅に伸び、昭和初期には、国民一人当たりの消費量が明治末期の二倍近くになるが、主な食べ方は依然としてスキヤキだった。戦後、オーストラリア、ニュージランド、アメリカからの輸入牛肉が大量に増えて、一人あたりの消費量は戦前の八倍以上になり、スキヤキ、しゃぶしゃぶなどとともに、ステーキも食べられるようになった。ちなみに、薄く切った牛肉を、煮えたった鍋の湯でくぐらせる程度に煮て、たれをつけて食べる「しゃぶしゃぶ」の母型は、羊肉を使う火鍋子《フオグオズ》という北京料理にある。もともとはモンゴル人などの遊牧民が、中国に持ち込んだ羊肉料理なのである。第二次世界大戦後に、大阪の人が羊肉を牛肉に代えたしゃぶしゃぶを始め、中央アジアの食文化と西欧の食文化を結びつけたが、その美味が評判を呼んで瞬く間に全国化した。複雑になるが、しゃぶしゃぶは牛肉を中国風、遊牧風の料理スタイルに組み込んだ、日本固有のグローバルな牛肉の食べ方なのである。

野牛と肉牛

一九世紀後半以後の、欧米社会の急激な膨張を支えたのが、嵐のように進められた南・北アメリカ、オーストラリアの開発だった。「生の自然」がそれまでに見られなかった規模で破壊され、畑と牧場に姿を変える。ヨーロッパ社会は、巨大な食糧庫を急ピッチでつくり上げたのである。

一七七六年にイギリスからの独立を達成したアメリカは、一八〇三年にナポレオンのフランスから一五〇〇万ドル（一エーカー当たり三セント弱）でルイジアナを購入して領土を倍加させたが、その後もスペインからのフロリダの購入、メキシコ領テキサスの併合（一八四五）、米墨戦争によるカリフォルニアの併合（一八四八、形式的には一五〇〇万ドルで購入）で、大西洋と太平洋をつなぐ大陸国家となった。こうした急激な膨張により、西部には一平方マイルあたりの人口密度が二―六人の広大なフロンティアが誕生した。フロンティアは政府の所有地（公有地、public land）とみなされ、一七八五年の土地処分条例では、最低購入面積六四〇エーカー、一エーカーにつき一ドルで売却された。

しかし実際には、西部の広大な未開拓地は、狩猟・採集の生活を送る先住民とバッファロー（野牛）などの野生動物の生活空間だった。アメリカ人は、そうした事実に目をつぶり、「マニフェスト・デスティニー（明白な運命）」の名の下に強引に西部の開拓を進める。アラスカとハワイを除いた合衆国の面積の四〇パーセントを占める西部の大平原には、推定六〇〇〇万頭から四〇〇〇万頭ものバッファロー（野牛）が生息していた。一つの群れが、数万頭というのも珍しくはなかったとされる。ヨーロッパからの移住者から馬とライフル銃を手にいれた先住民は、毎年約三〇万頭ものバッファローを殺戮《さつりく》したが、自然のバランスを崩すにはいたらなかった。ところが一八三〇年代以降、アメリカ人の西部進出と開拓が本格化すると、食糧として年間二〇〇万頭ものバッファローが殺戮され、毛皮も商品として取引されるようになった。

南北戦争（一八六一―六五）に際して、西部の住民を味方につけるためにリンカーンは、公有地で五年間定住し開墾に従事した者に一六〇エーカー（約二〇万坪）の土地を無料で与える（登録料として一〇ドルを徴収）という内容のホームステッド（自営農地）法（一八六二年）を制定する。そうしたこともあり南北戦争後、西部への移民の流入が著しい勢いで進んだ。七一年になると生皮を処理する新しい製革法が発明され、バッファローの毛皮一枚が一―三ドルで取引されたことから、年間約三〇〇万頭以上が殺戮されることになった。一八七三年には四〇〇万頭以上のバッファローが殺害されたという推定もなされている。一八七六年には、毛皮を東部に輸送するための基地には、六万枚以上の生皮が野積みされて異臭を放っているという状況になった。こうした乱獲の結果、七〇年代末になると大草原からバッファローが姿を消していく。バッファローは、開拓の名の下に大規模に破壊された大西部の自然を象徴する動物だったのである。

バッファローが死滅した後の大平原に進出したのは、ヨーロッパから肉牛を持ち込んだ牧場主たちだった。彼らは安く土地を借り受け、膨大な数の肉牛を飼育した。わずか三〇年間に西部大平原の約六〇〇〇万から四〇〇〇万頭のバッファローが殺戮され、放牧地へと劇的に変化したのである。現在、西部の大平原では、約八〇〇〇万頭から一億頭の肉牛(長角のスペイン牛)が飼育されている。

世界を賑《にぎ》わすアメリカン・ビーフ

大陸横断鉄道の完成(一八六九)、食肉の長距離輸送を可能にする冷蔵貨車の開発により、一八七〇年代には西部の牛肉がイギリスなどのヨーロッパの食卓に直結するようになった。八〇年代には、イギリスの輸入牛肉の大部分がアメリカ西部からもたらされたものであったという。有利な放牧に対するイギリス人の投資も進み、八〇年代半ばには西部の放牧地の大部分がイギリスの資本家に支配される状態になった。今日でも、西部一一州で約三万人の牧畜業者が、一一〇万平方キロ(日本の面積の約三倍)の公有地で肉牛を飼育している。牛の群れはカウ・ボーイたちにより鉄道の駅までの長い道のりを追われ、貨車でシカゴに運ばれ、ベルトコンベヤーの流れ作業により食肉加工された。その大量生産方式は、自動車の製造に模倣されたほどであった。

肉牛の飼育が軌道に乗ると、イギリス市場で柔らかい高脂肪の牛肉が求められたことから、大平原で一、二年間飼育した牛を中西部の肥育場に輸送し、コーンベルトで栽培された大量の余剰トウモロコシにより柔らかな肉牛に育て上げる飼育方法が生み出された。それが本格化するのが第二次世界大戦後で、現在は大部分の肉牛がそのような方法で飼育されている。しかし、第二次世界大戦前は全体の五パーセント程度に過ぎなかった。牛肉という食材も、グルメ志向により限りなく贅沢《ぜいたく》になっているのである。

第八章

低温流通機構《コールドチエーン》とグローバリゼーション

I　アメリカ主導の「冷凍食材の時代」

「現代の食」と冷凍保存

一九二〇年代にアメリカで成長した大量生産・大量消費の大衆消費文化は、二〇世紀後半になると地球規模にひろがり、人類の食生活を大きく変えた。そのうちの一番大きな変化は、一九六〇年代に急速に進んだコールドチェーン（cold chain、低温流通機構）の形成である。冷凍技術の進歩で、ほとんどの食材が一年間は保存できるようになり、冷凍された生鮮食材が、地球規模で張りめぐらされた冷却装置のなかを通って輸送、保管、加工を繰り返し、最終的には数億台あるとされる家庭の冷蔵庫に収まるシステムができあがった。その結果、多くの食材を通年食べられることになって「旬《しゅん》」の感覚が弱まる一方で、「飽食の時代」という食べ物が溢《あふ》れる時代が訪れることになった。自然が大きく後退し、人工的な食の環境が整えられたのである。地球規模のコールドチェーンの出現は、「食の第四次革命」ともいえる大変動である。コールドチェーンは、地球規模の食材の「冷たいハイウェイ」で、ハイテク技術に支えられる巨大システムである。

TVの普及、情報技術の爆発的進歩は、地球規模での食情報の交換を推し進め、経済の世界化を後押しした。食の世界でも情報革命による変化は大きく、食のブランド化、世界化が進み、地球規模で認知された「世界商品」が登場することになる。食品加工技術も多面的な発達を見せ、インスタントラーメンに代表されるインスタント食品、レトルト食品、カン詰、ビン詰、パック詰めされた生鮮食材などが、スーパーやコンビニを通って家庭に浸透し、食卓にも加工された食材が多数並ぶことになった。

冷凍技術の開発には、三つの画期があった。まずは、冷蔵技術の開発である。冷蔵技術が商業的に使われたのは一八四二年のことであり、機械により大量の冷凍が始まったのが一九世紀後半だった。冷凍食品が都市に出廻《でまわ》ったのは、きわめて新しいのである。しかし、緩慢な冷凍は、冷凍過程で水分の膨張が細胞膜を破壊するため、味が極端に落ちるという欠陥をもっていた。そうした欠点の克服には、急速冷凍が必要になる。その技術を開発したのが、アメリカのクラレンス・バーズアイ（一八八六―一九五六）だった。急速冷凍技術の開発が、第二の画期になる。

一九一九年から三年間、北極点に近いラップランドのラップ人社会で生活したバーズアイは、ラップ人がマイナス四〇度の外気に晒《さら》して冷凍保存するアザラシの肉、魚などの味が解凍後も変化しないことに気づいた。解凍してみると、氷結していた肉や魚が意外に美味なのである。そうしたことからバーズアイは、急速冷凍すれば、細胞膜が破壊されずに冷凍でき、食材の味を保つことができるのではないかという着想を得た。ちなみに、アイヌの食文化にも「ルイベ」という冷凍による食品保存の料理法がある。バーズアイは、そのアイデアを生かし、冷凍食品会社の経営に乗り出す。彼は一九二三年にニューヨークに、一九二四年にボストンに近いグロースターに魚の冷凍会社を設立し、次いで果物、野菜の冷凍にも手を伸ばした。一九二八年には、年間五〇〇トンの冷凍食品が製造される。しかし、当時は彼の技術が、人類の食の環境を全面的に変えてしまうことになるなどとは夢想だにされなかった。バーズアイの会社は買収され、後にゼネラル・フーズという世界最大の食品会社になる。

食材はまず冷す

一九三〇年、ゼネラル・フーズはバーズアイ（鳥の目）を商標とする世界で最初の「紙箱に入れた冷凍食品」を販売し始めた。冷凍食品のインスタント化である。バーズアイは、商品開発から冷凍機械の改良まであらゆる分野に手を伸ばし、冷凍食品の普及に貢献した。しかし、家庭用冷蔵庫の普及が十分でなかったために、冷凍食品は業務用、集団給食用に限定され、一般家庭には浸透しなかった。電気冷蔵庫は、一九一三年にはアメリカで実用化されていたのだが、温度を一〇度以下に保つことで腐敗の原因になる微生物の活動を低下させるのが目的であり、冷凍食品への対応はまだ視野には入っていなかったのである。

第三の画期になったのが、第二次世界大戦だった。大戦中のアメリカでは軍の食糧として大量の冷凍食品が備蓄された。戦後その備蓄されていた大量の冷凍食品が民間に放出され、一時的に冷凍食品ブームが起こるが、冷凍輸送、冷凍倉庫、冷凍陳列ケースなどが整っていなかったために品質を保てず、大きく生産は落ち込んだ。

そこで、一九四八年から五八年にかけて、アメリカ農商務省と科学者、冷凍技術者が協力して、T-TT（冷凍食品の時間、温度と許容限界）の研究が進められ、華氏〇度（摂氏マイナス一八度）以下で食品を管理すれば、ほとんどの食品の一年間の品質保存が可能になることが明らかにされた。その結果、大量に野菜、果実を栽培し、魚を捕獲し、家畜を処理しても、長期間保存しておいて有利な時期に売りさばくことが可能になった。アメリカでは冷凍食品が「未来の食品」として持て囃《はや》されるようになる。本格的な冷凍時代の訪れである。

進化し続ける冷蔵庫

食材の低温流通機構（コールドチェーン）が、地球をめぐるようになると、当然のことながら端末としての冷蔵庫にも冷凍庫を付設することが必要になった。その結果二ドア式の冷凍・冷蔵庫が普及したが、現在では更に冷蔵庫が進化して野菜室が独立した三ドアタイプあるいは製氷室をもつ四ドアタイプになっている。

長い間食材の腐食が人類による自然の大規模破壊を抑える最大の要因だったが、冷凍技術の長足の進歩がタガを取り除くことになった。その結果、自然に対する収奪が激化する。食生活が変革されて「飽食の時代」が訪れるが、それは同時に農業、漁業、牧畜の在り方の革命的変化を意味した。食材生産の激増、自然破壊の加速化である。ものごとは多面的で、必ずプラスの側面とマイナスの側面がある。バランス感覚が失われると、人類は知らず知らずのうちに自らの生存基盤である地球環境を掘り崩してしまうことになる。

とにもかくにも家庭用冷凍・冷蔵庫の普及、冷凍食品工場、冷蔵・冷凍船、冷蔵・冷凍車、冷蔵倉庫、販売店の業務用冷蔵庫または冷蔵陳列ケースの整備を組み合わせたシステムがアメリカを中心に二〇世紀末に急速にできあがっていく。生産現場から食卓までの流通経路を、低温で管理するコールドチェーンである。

日本でも家庭用冷蔵庫が普及する一九七〇年代に、コールドチェーンが急速に整った。マイナス一八度以下の温度に管理された輸送、保管ネットワークのなかを膨大な量の冷凍食品が流れ、その端末ともいえるスーパー、コンビニ、家庭の冷蔵庫から必要な時期にいつでも自由に手に入れることのできる時代が始まったのである。七〇年代後半からは、常温では腐ったり、形のくずれてしまう食品を真空パックして、〇度前後の常温と冷凍の間の温度帯で保冷流通させるチルド食品も流通することになる。「チルド」は、カットした牛肉を真空パックしてチルド状態で輸送するチルドビーフからひろまった。

2　世界にひろがったインスタント食品

インスタントラーメンの衝撃

慌ただしい都市生活は仕事の合間に慌ただしくとる食品を必要とし、食の簡便化が求められた。そうしたなかで、インスタントコーヒー、インスタントラーメンなどの乾燥食品、種々のレトルト食品（調理した食品をプラスチック、アルミ箔《はく》などの容器に密閉し、加圧下で高熱殺菌した食品）が登場する。乾燥食品は、乾燥により野菜、肉、果物、魚などの重さを五分の一、容積を二分の一に減らすことができ、加えて微生物の活動を抑制できた。微生物が水分の無いところでは成長しない性質を利用したのである。しかし、食べる前に水で戻さなければならないという欠陥があった。

簡単な調理により飲食できる保存性の高いインスタント食品の代表格が、インスタントラーメンである。乾燥した食材を水分で戻す手間を極力抑え、湯を注いで三分間待てば食べられるインスタントラーメンは、その簡便さにより日本人の食生活を大きく変えた。インスタントラーメンは、インスタントコーヒーとともに日本発の世界的商品である。

麺《めん》類が長期の保存に耐えることは古くから存在したソーメンからあきらかだったが、鍵《かぎ》はスープと麺を一体化させて保存することにあった。一九五八年、サンシー殖産（同年末に日清食品と商号変更）は、台湾の台南市出身の安藤百福社長のアイデアでラーメンの乾燥麺化に乗り出した。安藤氏は天麩羅《てんぷら》ソバにヒントを得て、味付けした麺を油で揚げ乾燥させる方法を考えだしたのである。それが「チキンラーメン」だった。「チキンラーメン」は麺に味がついており、丼に入れて三分で完成するという簡便性が歓迎され大ヒット商品になった。この年の生産量は、一三〇〇万食にもおよんでいる。

一九六〇年になると森永製菓がインスタントコーヒーを発売し、「インスタント」という言葉が大流行した。そうした状況下で即席麺も、「インスタントラーメン」と呼ばれるようになる。ちなみにインスタントコーヒーは、一八八九年にシカゴに在住の加藤サトリ博士が緑茶の即席化の研究のプロセスでコーヒーの抽出液を真空乾燥する技術を開発し、「ソリュブル・コーヒー（可溶性コーヒー）」と名付けて世に出したものである。一九三八年にネスレ社が「ネスカフェ（Nescafe）」の商品名で発売を始めて以降、世界中にひろがった。

一九六二年になると、澱粉《でんぷん》を使ってスープを粉末にする技術が開発され、スープを別添えにする「明星ラーメン」が売り出された。各社が競い合うなかでインスタントラーメンは多様化を進め、売上を急激に伸ばしていく。明星食品は翌六三年に韓国の三養食品

(Samyang) と提携して合弁会社をつくり、初めての海外生産を始める。フランク永井の「有楽町で逢《あ》いましょう」がヒットしたこの年のインスタントラーメンの年間生産量は、一〇億食に増加した。

一九六八年になるとインスタントラーメンの高品質化が進み、熱風で乾燥させたノンフライ麺（非油揚げ麺）が登場する。この麺は食感が生の麺に限りなく近く、スープの風味が生かせるなどの大きな利点をもっていた。

世界ブランドになったインスタントラーメン

一九七一年には、フリーズドライ（真空凍結乾燥）技術を活用し、日清食品の「カップヌードル」が発売され、使い捨ての容器に入ったカップラーメンがインスタントラーメンの主流となった。フリーズドライとは、予め味付け、加熱などの処理を施した食材を摂氏マイナス三〇度で急速冷凍した後、減圧して真空状態で乾燥させる技術である。カップラーメンは、安藤百福氏が「チキンラーメン」をアメリカのバイヤーに売り込もうとした時に、バイヤーたちがインスタントラーメンを細かくして紙コップに入れて熱湯を注ぎ食べたことがヒントになったとされるが、その着想がインスタントラーメンの国際化を可能にした。インスタントラーメンが、グローバルなスタイルをもつようになったのである。一九七一年のインスタントラーメンの年間生産量は三〇億六五四〇万食に増加し、六六カ国に輸出されている。
こうしてラーメンは、国際商品としての形を整え、東アジア、東南アジアを中心にひろく輸出されるようになった。社団法人日本即席食品工業協会の統計によれば、二〇〇四年のラーメンの消費量は世界で約七〇〇億食以上（日本の輸出は八七〇〇万食）、日本で五三億食となっている。今やインスタントラーメンは世界八〇ヵ国以上で消費され、ラーメンという言葉もlarmen、ramenとして国際語になった。一九九七年には、世界の代表メーカーの参加の下に世界ラーメン協会（International Ramen Manufacturers Association IRMA）が設立され、二年に一回の世界ラーメンサミットの開催が決定されている。

家庭でインスタントラーメンを食べる習慣がひろがれば、質的に高い専門店にも関心が向くことは当然である。一九七〇年以降外食産業が急激に伸びる社会環境の下で、ラーメン専門店が各地に輩出し、腕を競うようになった。麺は、太い、中程度、細いという三種類だが、ラーメンの風土的（あるいは土着的）要素を担うスープは様々である。そこで、スープを中心にラーメンは地方毎の特色を競い合うことになった。たとえば、塩味—函館《はこだて》、味噌《みそ》味—札幌《さつぽろ》・仙台《せんだい》、醬油《しようゆ》味—旭川《あさひかわ》・喜多方《きたかた》・佐野・東京・尾道《おのみち》・釧路《くしろ》、豚骨—博多《はかた》・久留米《くるめ》・和歌山・郡山《こおりやま》、などである。現在は、即席ラーメンに専門店の味が取りいれられ、ラーメンは更なる「進化」の過程に入っている。ラーメンは、日本を代表する庶民料理の座を確立したのである。スープを重視するラーメンを、日本を代表する鍋《なべ》料理の一つと見なすことも可能である。

人工衛星とレトルト食品

一九世紀に開発されたカン詰をより使い易くした保存食品がレトルト食品である。英語のレトルト（retort）は、もともと、密封した食品を入れて加圧・加熱して殺菌する装置（巨大な圧力釜であるレトルト釜）を意味するが、やがて「この装置を利用して殺菌する」という意味ももつようになった。ひろい意味ではカン詰も、「レトルト殺菌」された食品の一種である。カン詰は確かに重宝な食品だったが、軍用食品としては、重い、食べた後の空きカンが発見され易い、メニューが単調になってしまう、などの多くの欠陥をもっていた。そこで戦争が大規模化し、多くの兵士が戦闘に参加した第二次世界大戦後、容器やメニューの改善が積み重ねられることになった。年間数百万食を必要とする軍隊は、企業にとって重要な得意先だったこともあり、改善が急速に進むことになる。

利便性の高い袋を使うレトルト食品はカン詰と同様に常温で流通、保存できたが、カン詰に比べ殺菌時間が短く食材の品質が損なわれない、かさばらない、軽い、持ち運びに便利、手で開封することが可能、容器ごとの加熱が簡単などの数々の利点があった。現在のレトルト食品は、合成樹脂フィルム、あるいはそれにアルミ箔などを張り合わせた光を通さない袋、成型容器（パウチ）を使い、内容物を詰めて完全に密閉し、加圧加熱殺菌を行った袋詰、または成型容器詰の食品を指し、カン詰の発展形といえる。

レトルト食品は携行が便利で処理が簡単なためにカン詰よりも数段優れており、一九五〇年代からアメリカ陸軍の研究機関での研究が進められた。実用化されたレトルト食品は、一九六九年に打ち上げられた有人人工衛星アポロ一一号の宇宙食として採用されている。

アメリカ陸軍のレトルト技術にいち早く着目したのが、日本の大塚食品だった。大塚食品は、東洋製罐に容器の開発を依頼し中身を大塚化学が開発して、アポロ一一号の打ち上げと同じ一九六八年に「ボンカレー」を発売した。パックをそのまま約三分間熱湯に入れて沸騰すればよいとする簡便さが好評を呼んで、ボンカレーは大ヒットした。この時開発された容器は、数種のプラスチックフィルムにアルミ箔を張り合わせ、ヒートシール法により密封したもので、高分子化学を駆使していた。やがて電子レンジが普及すると、レトルト食品は加熱するだけで簡単に食べられるインスタント食品としてひろい分野で利用され、七〇年代以降の包装材料プラスチックの加工技術の進歩、自動包装機の開発などが可能性を更にひろげた。いまや、無菌包装の米飯類までも製造されるにいたっている。

冷蔵庫が普及していたアメリカでは、当時すでに冷凍食品が一般化していたが、日本では未だ冷蔵庫が普及していなかったことが、日本で「ボンカレー」が熱烈に歓迎された理由になった。

3　食卓に影響をおよぼした流通革命

チェーンストアからスーパーへ

都市への人口の集中、中間所得層の増加、大量生産・大量流通とそれに対応する定価制度・返品制度の導入などが重なり、食品流通に大きな変化が現れた。デパートの起源は、一八五二年にパリに設立されたボン・マルシェとされるが、その後急速に普及し、デパートは都市の顔としての地位を確立した。デパートは、ヨーロッパにおける都市の爆発が生み出した合理的で、便利なシステムだった。

第一次世界大戦後、フォードが大量生産により売り出した安価な大衆車T型フォードが、アメリカの農村の生活を大きく変えた。アイルランド移民の子フォードは、自らがつくった自動車を不便なアメリカの大地を走る「馬の代用品」と考えた。図体の大きなアメリカは、この上なく不便だったのである。自動車を購入した人々は、ガソリンで動く「馬」を操る「遊牧民」に変身し、自由に大地を移動できるようになった。

急速に経済を成長させた一九二〇年代のアメリカでは、自動車、家庭電化製品、映画・

ラジオ網と結びついた大衆娯楽の発達などにより、大衆消費社会という新生活様式が普及する。アメリカの大都市では多様な商品が満ちあふれるデパートが賑《にぎ》わい、一九二九年にはデパートの総売上高は四〇億ドルを超えて、小売総売上高の九パーセントを占めるにいたった。

他方、地方の中小都市では同一経営主が同じ規格でデザインされた小売店をひろい地域で多数経営するチェーンストア方式が急速に普及し、「アメリカン・ウエイ・オブ・ライフ」（アメリカ流の生活）を演出していった。一九二〇年代が「チェーンストアの時代」と呼ばれることもあるほどである。大規模なチェーンストアが次々と登場し、多店舗展開と本部の効率的な大量仕入れが可能にした徹底的な低価格販売により伝統的な小売店を駆逐していった。農村でも大都市と同様の快適な生活が可能であると喧伝したのである。

自動車の普及を背景に、農村地域の同一規格のチェーンストアは、安価な商品を大量に販売した。多店舗展開、中央本部による効率的な商品の大量直接仕入れ、人件費の節減や宣伝の一体化などで、チェーンストアでは大幅なコストダウンが可能になり、徹底した低価格戦略で大きな収益をあげた。たとえば、ニューヨーク州の田舎町から始まったウールワース（「5セントおよび10セントストア」として親しまれた）は、赤と金色を基本色とするショーウィンドによる日用品の販売で成功し、店舗数を一九〇〇年の五九から一九二〇年の一一一一に増やした。その間一九一三年には、即金でマンハッタンに高さ二二二メートルのウールワース・ビルを建てている。べらぼうに儲《もう》かったのである。

二〇年代には八〇〇社以上のチェーンストアがしのぎを削ったが、世界恐慌の翌年の一九三〇年になると、回転ドアを開けて入店した客がグルッと陳列棚を一巡して商品を選び、最後に出口で支払いを済ませるセルフサービス型の店舗がニューヨークのクイーンズ地区に出現した。いわゆるスーパーマーケットである。

チェーンストアによる低価格戦が小売店や製造業者との対立を激化させ、それに一九二九年に勃発《ぼっぱつ》した世界恐慌が火を点《つ》けた。各地で反チェーンストアの運動が高揚し、一九三三年頃には、二八州で六八九にのぼる反チェーンストア法案が提出された。店舗数の制限や売上高による累進課税が主たる内容だった。そのために複数州にまたがって多くの店舗を展開するチェーンストアは厳しい経営状況に陥っていく。そこでチェーンストア側も対抗策として一店舗の規模を拡大して店舗数を絞り込み、セルフサービス方式を導入して人件費の削減を図る。三〇年代以降にスーパーマーケットが急速に普及したのは、そのためである。日本では、一九六〇年代の経済の高度成長期にスーパーマーケットが急速に拡大する。

第二次世界大戦後になると、冷蔵、冷凍技術が飛躍的に進歩して地球規模のコールドチェーンが形成され、スーパーマーケットは美しく装われた大食糧倉庫に変身した。世界中から冷蔵、冷凍されて集められた食材がスーパーマーケットに分配され、客（地方では自動車に乗った客）が大量の食材を買って自宅の冷蔵庫に保存するようになる。食材は、目には見えない巨大な装置により地球の各地から集められて食卓に分配されるようになったのである。

世界にひろがる日本発のコンビニ

自動車社会化した広大なアメリカでは、道路に沿って二四時間営業のガソリンスタンドが設けられ、それにコンビニエンスストア（コンビニ）が併設されて、カー用品とともに最低限の生活用品、医薬品、軽食類、ドリンク類が販売された。国土がひろいアメリカでは車が長距離を移動しなければならず、ドラッグストアというセルフサービスの雑貨屋がガソリンスタンドと結びつけられたのである。狭い国土にもかかわらず高度の自動車社会をつくり上げた日本では、コンビニはアメリカとは全く違った展開を示した。

アメリカの「コンビニエンス」とは食品、日用品（「コンビニエンス商品」）の意味だったが、日本では「利便性」がコンビニエンスと解釈されることになる。日本のコンビニは大手資本がチェーンとして全国展開する、小さなスペースで多種品目を扱い、年中無休で長時間（殆どが二四時間）営業するセルフサービスの店を指すようになり、全国隈《くま》無く普及するようになった。

日本では、一九六九年に大阪に出されたマミー（マイストア）豊中《とよなか》店が日本初のコンビニだが、一九七四年になるとセブン-イレブンの一号店が東京都の江東区《こうとう》で開店し、本格的なコンビニ時代が始まった。一九八〇年代以降、大規模化、全国化したコンビニはメーカーから直接商品を仕入れ、安い商品を提供することで庶民の日常生活に浸透している。

二〇〇〇年頃になると日本のコンビニはアジアへの進出を進め、特に中国では「便利屋」として急速に店舗数を拡大する。上海だけでも、一〇年間に一〇〇〇以上の店舗が出店した。コンビニはアジアを中心に、新しい食品流通のシステムをつくりつつあるといえる。

しかしヨーロッパ文化には、コンビニのような長時間営業の小売店はなじまず、国によっては多少の店舗が見られるが、今のところ一般化する状況はない。

日本型のコンビニは、宅配便の取り次ぎ、公共料金の代納、チケットの販売、銀行ATMの設置などにより地域に密着し、おにぎり、めん類、パン、乳製品、アルコール・清涼飲料、インスタント食品、アイスクリームなどの氷菓、菓子類の食品を販売し食卓に直結している。

電子レンジという新たな神器

従来は通信に用いられてきたマイクロ波を加熱に利用することを思いついたのは、アメリカのレイセオン社のレーダー設置技師パーシー・スペンサーだった。仕事中にポケットにいれていたチョコレートが溶けていたことから、マイクロ波を加熱に利用する着想を得たとされる。彼が勤務していたレイセオン社は、一九四七年に最初の業務用電子レンジを発売したが、最初のものはなんと高さ一八〇センチにおよぶ大きさだった。一般家庭用に電子レンジが発売され始めたのは一九六五年で、最初は万能調理器だったが、「冷凍・冷蔵食品の時代」、「インスタント食品の時代」に対応すべく、やがて「温めること」・「解凍すること」に特化した調理器具になった。一九八〇年代以降になると電子レンジの低価格化が進み、電子レンジ調理用食品、冷凍食品の普及により、電子レンジは、冷凍・冷蔵庫とともに台所の必需品になる。電子レンジの普及は、半調理、調理済み食品が大量に家庭に浸透する道を拓いたのである。料理のプロセスのかなりの部分が、家庭から食品企業の手に移ることになる。

料理はきわめて簡便になって、かつては家族を結びつける紐帯《ちゅうたい》になっていた火を使う面倒な調理、一家そろっての共食が劇的に後退した。食が簡便化するなかで、家族の絆《きずな》が弱まり、家族の基本形が急速にくずれ始める。そうしたなかで調理済み食品や冷凍食品の再加熱に欠かせない電子レンジは、冷蔵庫とともに家庭の必需品になった。冷蔵・冷凍食品の地球規模の大ネットワークが各家庭の台所に浸透し、その端末として電子レンジ、冷蔵庫が位置づけられるようになったのである。

パックされたプラスチックのトレイに載せられた半調理・調理済み食品は食品企業の手

で多彩さを増し、いつでも好きな時に簡単に個人で食事ができるようになった。一九六一年には、フリーズドライ（凍結乾燥）により、みそ汁のインスタント化も実現され、「ご飯」もインスタント化されるようになる。

電子レンジで解凍、加熱し、熱湯を加えればよくなったために、家族が共に食事をとるのではなく、それぞれ孤食する傾向も増えている。食卓という劇場が、姿を変えているのである。

食品が工業製品化することで、料理という営みが歴史的に培ってきた食の感性やセンスが後退することになった。火を使う調理は手間がかかり、食卓を中心とする家族を育ててきた。「同じ釜《かま》の飯を食う」という言葉があるように、共食が人間の結びつきと信頼の基盤だったのである。電子レンジは、調理という共同作業を衰退させ、孤食を可能にすることで人間を孤立させて、人類が育ててきた食卓という「場」を徐々に掘り崩しているように思われる。

4　ダイエットと飢餓

飽食の時代

コールドチェーン（低温流通機構）で、冷蔵・冷凍した食材の地球規模での大移動が可能になると、富める先進工業国の都市に膨大な食糧が流れ込み、飽食の時代が始まった。地球上の食品が冷凍され、富める地域に大量に吸い上げられるシステムが機能し始めるのである。

飽食が可能になった先進工業国では、砂糖が家庭の調味料、コーヒーや紅茶のための甘味料からはるかにはみ出し、「目に見えない」かたちで食品に添加されて砂糖過剰の食文化が生み出された。砂糖は、清涼飲料水、スナック菓子、ケーキ、アイスクリーム、ファストフードなどの加工食品にひろく使われ、砂糖の年間生産量はコメやムギを凌《しの》ぐほどになっている。過ぎたるはおよばざるがごとしである。「液体のキャンデー」といっても過言ではない清涼飲料水、スナック菓子などによる糖分の過剰摂取に起因する若年性の肥満、壮年層の生活習慣病、糖尿病が問題になり肥満解消のためのダイエットが社会的流行になっている。自動車、エレベーター、エスカレーターなどの普及で歩行の習慣が弱まり、インスタント食品、清涼飲料水の味を調えるために多用される砂糖が、不健康な生活環境を生み出しているのである。二〇世紀以前にも、宗教的な断食とか菜食主義はあったが、痩《や》せるために食事の量や種類を制限するダイエットなどは想定外だった。ダイエット(diet)は、もともとは治療や罰としての規定食の意味なのである。慢性的な飢餓の危機に脅かされた時代には、肥満こそがステータスだった。そういう点からみても、「飽食の時代」は、ある種の不健全さを内在させているといえる。

食のアンバランス

それに反して開発途上国では、伝統的な農村が解体されて大規模な人口流入が続く都市に大きなスラム街が生まれ、ストリート・チルドレンをはじめとして、多くの人々が飢餓に苛《さいな》まれている。二〇世紀後半に急速に進んだ開発途上国の都市化は、経済のグローバリゼーション、コールドチェーンの世界化と結びつき、地球規模での食糧の偏在を顕在化しているのである。

一九世紀に世界の都市人口は全人口の五パーセント程度だったが、一九二五年になると二〇パーセントに増加した。しかし、先進工業国の都市人口比率が四〇パーセントなのに対して、途上国・植民地では九パーセントだった。地球上の都市化地域と非都市化地域が画然と分かれていたのである。

ところが第二次世界大戦後、植民地体制がくずれてアジア・アフリカに新興独立国が出現すると、地球規模で都市化が急激に進んだ。新興独立国の都市化が一挙に進展したのである。年率三パーセントという恐ろしいテンポで農村人口が増え続けるなかで大量の過剰労働力が都市に流入したこと、政府の工業化促進政策、経済の世界化に伴う都市部への海外投資、都市内部での人口増加などが新興独立国で都市が急激に膨張した理由である。

国連人口基金の『世界人口白書』では、一九九〇年段階で先進工業国では七三パーセント、開発途上国では三七パーセントが都市に居住するとされている。一九二五年と比較すると、先進工業国の都市人口比率が一・八倍、開発途上国の都市人口比率が四・一倍になっている。二〇〇〇年段階で、人口四〇〇万人以上の巨大都市は八二を数えるが、そのうち六一が発展途上地域、二一が先進地域に分布している（西川潤『人口』岩波ブックレット）。爆発的に、開発途上地域で都市が膨張していることが分かる。

産業革命時の都市化が生活条件はどうであれ雇用を伴うかたちで進められたのに対して、二〇世紀後半以降の爆発的都市化は「産業化なき都市化」であるために都市に流入した人々の雇用機会は乏しく、スラム街だけが肥大化する結果になっている。ローマクラブのリポート『第一次地球革命』は、「メキシコの首都メキシコ市、ブラジルのサンパウロ、ナイジェリアのラゴス、エジプトのカイロ、インドのカルカッタのような途上国の大都市の管理は、きわめて難しい。都市の住人のなかには書類上は存在しない人々が多く、その多くは衛生状態の悪い貧民街に住み、政府の管理の目も届かない。水の供給、保健サービス、教育、失業、都市交通、公害規制など、都市の管理には複雑な要素が絡み、前例のない難問が山積している」（田草川《たそがわ》弘訳）と、述べている。たとえばインドのコルカタ（カルカッタ）をみてみると、都市人口は二〇世紀初頭の八〇万人が約九〇〇〇万人にまで膨張し、人口の六七パーセントが三〇〇〇カ所のスラム街に居住し、路上生活者も五〇万人を超える。

世界人口の約二割の人々が必要な栄養を取ることができず、年に約一五〇〇万人もの人々が栄養失調で命を落としているという厳しい現実がある。先進工業国の子供は、開発途上国の子供の四〇倍の資源を使って成長するといわれるほどなのである。地球規模でひろがる食材の偏在は、現在の食文化の大きな問題になっている。

石油に支えられる食卓

第二次世界大戦後、農業生産力は飛躍的に増加した。一九八七年には、世界人口が必要とするカロリーを一九パーセント程度上回る食糧が生産されていた。しかし、食糧統計がある一七三カ国のうち、穀物自給率が一〇〇パーセントを超える国は三二カ国に過ぎない。日本は世界一の穀物輸入国で、第二位の輸入国メキシコのほぼ二倍の量を輸入している。

一九五〇年頃までは、農業生産の増加は開墾による農地の拡大に頼っていた。しかし、その後の農業生産の増加は、石油あるいは天然ガスから生成される化学肥料によりもたらされたものである。石油という化石燃料のなかに固定され蓄積された太陽エネルギーに、いつの間にかわたしたちの食卓も依存するようになってしまった。

土地の栄養分を奪うコムギ、トウモロコシなどを連年栽培するには、地力を回復する肥料が不可欠だった。しかし、自然界に存在する肥料は限られており、化学肥料の合成が必要になる。化学肥料の合成がなされたのは、第一次世界大戦の直前だった。一九〇八年に、ドイツのカールスルーエ大学の物理化学の教授ハーバーが、窒素ガスと水素ガスを化合させてアンモニア・ガスを合成できるとする理論を発表した。窒素の沸騰点が酸素のそれよりも低いことを利用して液体空気から窒素ガスを集め、電気分解で得られる水素ガスと化合させる方法である。しかし、化合には五〇〇度の高温と一平方センチメートル当たり二〇〇キログラムの高圧（二〇〇気圧）が必要であり、そのような反応塔をつくることはきわめて困難だった。その困難な仕事に協力したのがドイツ最大の化学工業会社バスフ（BASF）社の技師ボッシュだった。二人は、第一次世界大戦の前年の一九一三年に、オッパウの工場でアンモニアの合成を実現させる。合成アンモニアの技術を使って大量に化学肥料「硫安」がつくられるようになったのは、第一次世界大戦後であった。

能率的に地味の回復を図り、農作物の連作を可能にする「硫安」は、手っ取り早く収穫を増やす「魔法の粉」として世界中に普及した。合成アンモニアの生みの親ハーバーは一九一八年、ボッシュは一九三一年に、それぞれノーベル化学賞を受賞している。二〇世紀の農業は、「硫安」をはじめとする化学肥料に支えられ、爆発的に増加する都市の需要に応《こた》えてきた。しかし、自然界の生態系を脅かす化学肥料への過度の依存は問い直される必要がある。

一九九一年に発刊されたローマクラブのリポート『第一次地球革命』は、「窒素肥料一トンを製造するのに、一トンの石油またはそれに相当する天然ガスが必要とされる。石油は除草剤や殺虫剤の製造にも、耕作機や灌漑ポンプを動かすエネルギーにも必要だ。一九五〇年から八六年までに、一人当たりの平均肥料消費量は五キロから二六キロに増えた。同時に、土地の一人当たりの農地面積は〇・二四ヘクタールから〇・一五ヘクタールに減った。このことは大ざっぱにいって、世界の食糧生産の増加は、ますます多くの石油が植物の光合という過程を経て穀物に変わっていくということを示している」（田草川弘訳）と、述べている。

リポートにあるように、石油あるいは天然ガスから製造される化学肥料がなければ畑の生産力を維持できず、現在の六〇億人を超える地球上の人類を賄うことは不可能である。穀物をはじめ、食卓に並ぶ多くの食材はいつの間にか石油に依存するようになり、生の自然界と大きく隔たってしまったのである。

食卓を支配する「第二の自然」

タンパク源も、姿を変えた。一九世紀から二〇世紀にかけて肉牛、ブロイラー（鶏）の大量飼育が進み、二〇世紀末になると魚の養殖が急速に進むことになった。食卓を彩っていた自然の恵みの魚までもが、いつの間にか人工的に生産される食材に変わりつつあるのである。いまや食卓は、人間が人工的につくり出した食材で埋め尽くされるように変わってきているともいえる。豊かな自然の再生力に依存していた人類の食生活は、二〇世紀後半以降大きく様変わりして人工的自然（第二の自然）に食材の大半を頼る時代に入っている。

しかし、人類は本当に第二の自然を維持し続けることができるのであろうか。牛肉のBSE問題、鳥インフルエンザに脅かされる鶏肉は、第二の自然に依存する食の未来の危うさと険しさを示唆している。

魚も近年、養殖への傾斜が顕著である。魚の漁獲量は一九七〇年頃から二倍に増え、年間約一三〇〇万トンにも上った。地球規模の低温流通機構により冷凍すれば広域に大量の魚の販売が可能になり、魚の乱獲が進んだのである。そうした漁業の構造的変化の波を、日本の食卓はもろに受けている。豊かな魚食文化を誇る日本はかつての水産大国であり、一九七七年に「二〇〇海里水域」が設定される前年には水産物輸出額で世界第一位だったが、八〇年代から輸出は激減し、現在は自給率五七パーセントで世界最大の魚介類の輸入国になってしまった。いつの間にか日本の食卓に世界各地の魚が顔を出すようになっているのである。

もう一つの大きな変化は、養殖の劇的増加である。コールドチェーンの普及という「食の第四次革命」が魚の養殖を一挙に拡大した。つまり一九七〇年代初頭に食卓にのる魚の大部分は天然物だったが、世界規模で養殖が増加した結果、コンブなどの藻類の約九割、魚介類の三割が養殖により生産されるようになった。餌料《じりょう》供給・養殖環境の悪化という問題を抱えながら、養殖は急激に拡大しつつある。

養殖というと、日本では養殖依存率九割のエビ類が先《ま》ず思い浮かべられるが、世界規模でみると、サケ・マスが第一である。

一九八〇年代にオキアミを餌料にして南半球でサケ養殖の試みが始まり、一九九〇年代になるとノルウェー、スコットランド、チリ、ニュージランド、タスマニアなどでコールドチェーンを利用して出荷する輸出用サケ・マスの大量養殖が開始された。二〇〇一年には、サケ・マス生産量の三分の二を養殖物が占めるにいたっている。

サケは、一つのケージに数万匹のサケを入れて集約的に養殖するために、シーライス（超小型のクラゲ）などが寄生し易く、それを除去するための数十種類の薬品の投与、コストを低く抑えるための高濃度の飼料の使用、魚肉を鮮やかな色に色づけるための化学物質の投与などが不可欠になっている。工業化されたサケの大量生産は、人間の健康に対する大きなリスクを抱えながら増大する傾向にある。最近では、スペイン、クロアチア、イタリア、オーストラリア、日本でマグロ類の養殖も行われるようになってきている。

食卓という小さな大劇場は、長い歳月をかけて地球規模で繰り返されてきた多様な食の交流の歴史が再演される舞台であり、地球の現状と人類社会の未来を映し出す鏡でもある。毎日多くの食材と料理が通過する食卓上では、地球規模の人類の歩みが日常的に再演されている。食卓の世界を時に注意深くウォッチしてみると、人類の過去・現在・未来が微妙に映し出されていることに気づかれると思う。食卓は、小さな大劇場なのである。

参考文献

安達巖　『日本型食生活の歴史』　新泉社　二〇〇四年
安達巖　『たべもの伝来史』　柴田書店　一九七五年
アマール・ナージ　林真理／奥田祐子／山本紀夫訳　『トウガラシの文化誌』　晶文社　一九九七年
アレキサンダー・キング／ベルトラン・シュナイダー　田草川弘訳　『第一次地球革命　ローマクラブ・リポート』　朝日新聞社　一九九二年
アントニー・ローリー　富樫瓔子訳　『美食の歴史』　創元社　一九九六年
アンドリュー・ドルビー　樋口幸子訳　『スパイスの人類史』　原書房　二〇〇四年
石毛直道編　『世界の食事文化』　ドメス出版　一九七三年
石毛直道編　『論集　東アジアの食事文化』　平凡社　一九八五年
石毛直道／森枝卓士　『考える胃袋』　集英社新書　二〇〇四年
石毛直道　『食卓の文化誌』　岩波現代文庫　二〇〇四年
石毛直道　『食卓文明論』　中公叢書　二〇〇五年
ヴォルフガング・シヴェルブシュ　福本義憲訳　『楽園・味覚・理性―嗜好品の歴史』　法政大学出版局　一九八八年
宇田川悟　『食はフランスに在り』　小学館ライブラリー　一九九四年
江後迪子　『南蛮から来た食文化』　弦書房　二〇〇四年

エリック・シュローサー　楡井浩一訳　『ファストフードが世界を食いつくす』　草思社　二〇〇一年
太田静行　『魚醤油の知識』　幸書房　一九九六年
大貫恵美子　『コメの人類学―日本人の自己認識』　岩波書店　一九九五年
大場秀章　『サラダ野菜の植物史』　新潮選書　二〇〇四年
岡田　哲編　『世界の味探求事典』　東京堂出版　一九九七年
岡田　哲編　『食の文化を知る事典』　東京堂出版　一九九八年
岡田　哲編　『世界たべもの起源事典』　東京堂出版　二〇〇五年
奥山忠政　『ラーメンの文化経済学』　芙蓉書房出版　二〇〇〇年
加藤裕子　『食べるアメリカ人』　大修館書店　二〇〇三年
川勝平太　『日本文明と近代西洋』　ＮＨＫブックス　一九九一年
ケイティ・スチュワート　木村尚三郎監訳　『料理の文化史』　学生社　一九九〇年
小泉武夫　『人間はこんなものを食べてきた』　日経ビジネス人文庫　二〇〇四年
小泉和子　『台所道具いまむかし』　平凡社　一九九四年
小菅桂子　『カレーライスの誕生』　講談社選書メチエ　二〇〇二年
桜沢琢海　『料理人たちの饗宴―西洋料理のルーツをさぐる』　河出書房新社　二〇〇二年
鯖田豊之　『肉食の思想―ヨーロッパ精神の再発見』　中公新書　一九六六年
鯖田豊之　『肉食文化と米食文化』　中公文庫　一九八八年
篠田　統　『中国食物史』　柴田書店　一九七四年
ジャン・フランソワ・ルヴェル　福永淑子／鈴木晶訳　『美食の文化史』　筑摩書房　一九八九年
周達生　『中国の食文化』　創元社　一九八九年

シルヴィア・ジョンソン　金原瑞人訳　『世界を変えた野菜読本』　晶文社　一九九九年
ソフィー・D・コウ／マイケル・D・コウ　樋口幸子訳　『チョコレートの歴史』　河出書房新社　一九九九年
玉村豊男　『料理の四面体』　鎌倉書房　一九八〇年
譚璐美　『中華料理四千年』　文春新書　二〇〇四年
張競　『中華料理の文化史』　ちくま新書　一九九七年
塚田孝雄　『食悦奇譚』　時事通信社　一九九五年
塚田孝雄　『シーザーの晩餐』　朝日文庫　一九九六年
津村喬　『食と文化の革命』　社会評論社　一九八一年
鶴田静　『ベジタリアンの文化誌』　中公文庫　二〇〇二年
中尾佐助　『栽培植物と農耕の起源』　岩波新書　一九六六年
中尾佐助　『料理の起源』　NHKブックス　一九七二年
21世紀研究会編　『食の世界地図』　文春新書　二〇〇四年
熱帯農業研究センター編　『熱帯の有用作物』　農林統計協会　一九七四年
ピーター・ジェームズ／ニック・ソープ　矢島文夫監訳　『古代の発明』　東洋書林　二〇〇五年
ピエール・ラズロ　神田順子訳　『塩の博物誌』　東京書籍　二〇〇五年
フェリペ・フェルナンデス＝アルメスト　小田切勝子訳　『食べる人類誌』　早川書房　二〇〇三年
舟田詠子　『パンの文化史』　朝日選書　一九九八年
ブリア＝サヴァラン　関根秀雄／戸部松実訳　『美味礼讃　上・下』　岩波文庫　一九六七年
ブリュノ・ロリウー　吉田春美訳　『中世ヨーロッパ食の生活史』　原書房　二〇〇三年

辺見庸『もの食う人びと』角川文庫 一九九七年
星川清親『栽培植物の起原と伝播』二宮書店 一九七八年
マーヴィン・ハリス 板橋作美訳『食と文化の謎』岩波書店 二〇〇一年
マグロンヌ・トゥサン＝サマ 玉村豊男監訳『世界食物百科』原書房 一九九八年
南直人『ヨーロッパの舌はどう変わったか 一九世紀食卓革命』講談社 一九九八年
本山荻舟『飲食事典』平凡社 一九五八年
森枝卓士／南直人編『新・食文化入門』弘文堂 二〇〇四年
柳田友道『うま味の誕生』岩波新書 一九九一年
山崎正和『室町記』朝日新聞社 一九七四年
吉田 豊『食卓の博物誌』丸善ライブラリー 一九九五年

あとがき

民俗学者、柳田國男は実生活で役立つ「歴史の知恵」を重視し、それを「史心」と名付けた。「史心」という言葉は余り聞き馴れない言葉だが、私たちを囲むモノやシステムに内在する「変化」を感じとるセンスを意味している。人間の生活を成り立たせている身近なモノやシステムそれぞれに「変化」が隠されていることに気づき、それを読み解く歴史のセンスであると言い換えることができる。現在に至るモノやシステムの変化の過程が分かれば、その変化が現在も未来も続くことも、変化の方向性もある程度は予測できそうである。

私は、過去と現在を結び付ける触媒としてモノを位置づけている。身近なモノを素材にして歴史のプロセスを考えることが、歴史のセンスの育成に必要ではないかと考えているのである。食卓を劇場に見立て、その上を通り過ぎる食材や料理に「世界史」を語らせようと思い立ったのも、変化のプロセスを考える素材が「生活の場」に満ちあふれているという認識に基づいている。本書は、食材と料理を通じて文明・文化の交流と変容の過程を、世界史というマクロな枠組みによりグローバルに叙述する試みである。私たちが毎日向かい合う食卓は、知的冒険の宝庫なのである。

歴史書の多くは過去の政治、社会経済を重視するが、実際のところ「過去」に「入り口」はない。私たちの生活の舞台（world）になるのは「現在」と「近い未来」であるということは、誰もが認めるところであろう。そうであるとするならば、過去の文献史料だけではなく、長い歴史を乗り越えて現在も生き続けているモノ、システム、習慣を歴史を考える手掛かりとして活用する必要が出てくる。

毎日毎日食卓上を通過していく食材や料理には、目には見えない空間移動や変化の履歴が隠されている。食卓上には連日文化、文明の壮大な交流が描き出され、目まぐるしく変わる現在の世界が再現されているのである。見方を変えれば、食卓はまさにミラクルな「小さな大劇場」に生まれ変わるのである。何も語らない食材、料理が豊かな歴史を秘めていることに気がつけば、日常生活も違った色彩で見えてこようというものである。

宮崎　正勝

角川文庫発刊に際して

角　川　源　義

第二次世界大戦の敗北は、軍事力の敗北であった以上に、私たちの若い文化力の敗退であった。私たちの文化が戦争に対して如何に無力であり、単なるあだ花に過ぎなかったかを、私たちは身を以て体験し痛感した。西洋近代文化の摂取にとって、明治以後八十年の歳月は決して短かすぎたとは言えない。にもかかわらず、近代文化の伝統を確立し、自由な批判と柔軟な良識に富む文化層として自らを形成することに私たちは失敗して来た。そしてこれは、各層への文化の普及滲透を任務とする出版人の責任でもあった。

一九四五年以来、私たちは再び振出しに戻り、第一歩から踏み出すことを余儀なくされた。これは大きな不幸ではあるが、反面、これまでの混沌・未熟・歪曲の中にあった我が国の文化に秩序と確たる基礎を齎らすためには絶好の機会でもある。角川書店は、このような祖国の文化的危機にあたり、微力をも顧みず再建の礎石たるべき抱負と決意とをもって出発したが、ここに創立以来の念願を果すべく角川文庫を発刊する。これまで刊行されたあらゆる全集叢書文庫類の長所と短所とを検討し、古今東西の不朽の典籍を、良心的編集のもとに、廉価に、そして書架にふさわしい美本として、多くのひとびとに提供しようとする。しかし私たちは徒らに百科全書的な知識のジレッタントを作ることを目的とせず、あくまで祖国の文化に秩序と再建への道を示し、この文庫を角川書店の栄ある事業として、今後永久に継続発展せしめ、学芸と教養との殿堂として大成せんことを期したい。多くの読書子の愛情ある忠言と支持とによって、この希望と抱負とを完遂せしめられんことを願う。

一九四九年五月三日

知《し》っておきたい「食《しょく》」の世《せ》界《かい》史《し》

宮《みや》崎《ざき》正《まさ》勝《かつ》

平成18年 10月25日　初版発行
令和 7 年 10月10日　16版発行

発行者●山下直久

発行●株式会社KADOKAWA
〒102-8177　東京都千代田区富士見2-13-3
電話　0570-002-301（ナビダイヤル）

角川文庫 14451

印刷所●株式会社KADOKAWA
製本所●株式会社KADOKAWA

表紙画●和田三造

●お問い合わせ
https://www.kadokawa.co.jp/（「お問い合わせ」へお進みください）
※内容によっては、お答えできない場合があります。
※サポートは日本国内のみとさせていただきます。
※Japanese text only

ISBN978-4-04-406402-0　C0136

◆◇◇